谨以此书献给——

望子成龙的父亲母亲！

志存高远的莘莘学子！

中华民族的未来巨人！

如果人类要在21世纪生存下去，

就必须回到2500年前，

去吸取孔子的智慧。

——摘自汉内斯·阿尔文博士

在全球第一届诺贝尔奖获得者会议上的发言。

1988年1月，法国巴黎

孔子，名丘，字仲尼

（公元前551年—公元前479年）

春秋末期鲁国人

孔子留给后人最宝贵的精神财富：

孔子——敏而好学，志存高远；

孔子——学而不厌，诲人不倦；

孔子——见利思义，临危献身；

孔子——安贫乐道，言出践行；

孔子——百折不挠，乐而忘忧；

孔子——仁德宽厚，和而不同；

孔子——学无贵贱，有教无类；

孔子——贵不忘志，穷不失节；

孔子——生命不息，奋斗不止，

大道之行，天下为公！

——李彗生悟道孔子真精神题记

中华文圣——孔子

ZHONGHUA WENSHENG KONGZI

下册

改　编　李彗生

编　著　曹尧德　杨佐仁　宋均平

人民东方出版传媒

東方出版社

【内容提要】

（下 册）

孔子五十九岁时，卫灵公病逝，他决定离开卫国。孔子一行奔宋国而去，到了宋国地界后，看到了宋国大司马桓魋动用民工为自己修造坟郭，制作陪葬的陶俑。如此劳民伤财，暴虐无道，孔子十分气愤，对其进行了批评，惹来了他的不满，派兵追杀孔子师徒。在去楚国的途中，又受困于陈（国）蔡（国），不准他们去楚国，后被楚国军队解危并邀孔子师徒赴楚。孔子拜访一叫沈诸梁的大夫，人称叶公，是一位当时颇有贤名的政治家，在楚地与叶公见面后，二人促膝倾肠，相互切磋，孔子对叶公的德政为民称颂不已，经数天畅谈，叶公更加敬佩孔子，但却不能完全理解孔子。

公元前 481 年，孔子已经六十八岁了，经过十四年的别离，孔子回到了祖国，踏上别离多年的土地，孔子发出万般感慨……那曾经弟子往来如云的杏坛，而今已一片荒芜，萧条冷落，一派衰败景象。然而，孔子却丝毫也不怀疑自己所追求的目标，丝毫也不后悔自己所走过的道路，丝毫也没有动摇“仁政”“德治”的政治理想。他坚信，他的弟子中会有若干人或者更远的后人，继承自己的事业，去努力实现他的理想。孔子面对鲁国的社会现状和自己周游列国的感悟，完全打消了出仕从政的念头。决定专心致志地从事教育和编修“六艺”的事业。努力编修好“六艺”，把自己所主张的“道”传下去，让一代又一代的贤明后生来实现他的政治理想。

岁月流逝，孔子年事已高，众多优秀的弟子因贫、因病而相继离开人世。这给孔子带来巨大的打击，让孔子万分伤感。因此，孔子病倒了，一连几个月，弟子们轮流照看，请医熬药，喂水喂饭。由于病痛的折磨，孔子的身体已非常虚弱，在临终的时刻，孔子示意守在病榻周围的弟子中的子贡，给他弹琴，孔子和琴而歌：“巍峨的泰山哪，将要崩颓，粗壮的梁柱哇，将要坠毁，一代哲人哪，像草木一样枯萎……”孔子的声音愈来愈低弱……慢慢地，歌声终止了，孔子闭上了眼睛，他永远地睡着了。公元前 479 年 2 月 11 日，中国历史上伟大的思想家、政治家、教育家，儒家学派的创始人，人类历史上的文化巨人——孔丘与世长辞了。

孔子修《诗》《书》，定《礼》《乐》，序《周易》，作《春秋》。他的思想学说对后世产生了极其深远的影响，他正直、乐观、向上，积极进取，一生都在追求真、善、美，一生都在追求理想的社会。他的精神，几千年都影响着中华子孙。

（一二五三）『君上比定公如何？』孔子脸上依然没有一丝表情。南宫敬叔说：『有其父的权谋，无其父的权势。』

（一二五四）子路说：『既然如此，一个冉求回去，孤掌难鸣，于事何补？倒不如多回去些人，同心协力，共治鲁国。』

（一二五五）『事虽如此，』颜回说，『只恐敬叔兄无法向季冢宰交代。』『回言之有理。』孔子说，『冉求呀，回去吧，此番归鲁，定然大用，非小用也。』

（一二五六）冉求说了一些与夫子和同学难分难舍的话，最后提出，一人归鲁，恐独木难支，欲邀樊迟一同回去。孔子征求了樊迟的意见之后，便答应了。

（一二五七）孔子说：『回去吧！回去吧！吾孔门弟子，志向高远，行动疏阔，似一匹匹绫罗绸缎，质地优美，花纹美观，丘不知该如何裁剪，做何衣裳……』

（一二五八）司城贞子知道孔子来了贵客，设家宴为南宫敬叔接风洗尘，宾主、师徒彼此把盏进觞，尽欢而散。

（一二五九）一轮明月大如伞盖，悬于蓝天，月光如泻。孔子那明净的心灵，颇似这深邃的夜空，似乎也有淡淡的轻纱似的云朵在飘，在浮，给他带来了淡淡的阴影，淡淡的愁思，淡淡的哀怨和淡淡的惆怅。

（一二六〇）他今夜的心绪颇不宁静，这是为什么呢？冉求就要离去，就要回鲁国了，自己是在为他庆幸，为他喜悦吗？似乎并不是。

（一二六一）季康子请冉求而不请自己，自己是在嫉妒吗？自然更不是。人总寄希望于后代，老师对弟子犹如父母对子女，总希望一代更比一代强，否则，社会岂不就要停滞，人类岂不就要毁灭！

（一二六二）回忆自己走过的半个多世纪，步步坎坷，充满荆棘，但无论在怎样艰难困苦的环境下，从未怀疑过自己的主张与信仰。无数先贤的事迹告诉自己，要实现伟大的主张与信仰，就要付出巨大的代价和数代人的牺牲，难道今夜里竟会动摇了吗……

（一二六三）是呀，树再高也能攀缘，山再高也可攀登，但无限高远的天空怎么能到达呢？然而它却实实在在地存在着，而且是美丽诱人的。这大约便是自己的主张难以被人接受，到处碰壁的根本原因吧……

（一二六四）颜回默默地寻来了，给孔子披上了一件外衣，说：『更深露寒，夫子小心着凉，快回去安歇吧！』孔子深情地说：『叶落归根，为师老了，是多么思念父母之邦啊……』

（一二六五）第二天一早，南宫敬叔、冉求和樊迟便匆匆离开了，孔子甚感凄楚，率领部分弟子一直送至国境边上。南宫敬叔十分关切地说：『此地非久居之处，望夫子早作打算。』

（一二六六）冉求问道：『今日分手，不知何时相见，夫子尚有何教导？』孔子挥挥手，自言自语地说：『回去吧，回去吧！』三人一齐跪倒，挥泪向孔子拜别……

（一二六七）孔子送走弟子冉求他们之后，常常独自一人坐在书房内出神，有时眼角还隐约挂着闪光的泪滴，夜间常辗转反侧，彻夜不眠。

（一二六八）公元前四八九年，吴国大举攻陈，楚昭王亲自率领楚国军队帮助陈国抵抗，打败了吴国的进攻。但陈国也陷于混乱状态，孔子师徒无法再在陈国待下去了，便准备前往楚国。恰在此时，楚昭王也派人请孔子赴楚。

（一二六九）几年前各诸侯国传颂楚昭王贤明的故事浮现在孔子的脑际，在孔子看来，楚昭王是个能纳臣谏的开明君主，令人敬仰。故事发生在抗吴救陈的行军途中，楚昭王突然病倒。正在这时，天空有一簇红云，像一群火红的飞鸟，夹着太阳飘去。

（一二七〇）楚昭王派使者请周太史占卜，询问吉凶。太史占卜之后回答说：『此乃不祥之兆，应在大王身上。但并非不可免除，如若禳祭，可移灾于将相。』

（一二七一）使者如实回复，楚国将相纷纷欲向神灵祈祷，希望能代替楚王承受灾祸。但楚昭王说：『将相乃孤之手足，无手足相佐，孤虽生何益？寡人若获罪于天，一任上天惩罚，万不可移灾于他人！』他阻止了将相禳祭。

（一二七二）楚昭王的这一举动，让令尹子西和司马子祺等文武官员深受感动，都愿为国为君而效死力。楚军上下一心，很快大破吴军，班师而回。

（一二七三）虽然凯旋，但昭王的病体却一直未愈。楚国的太史又为他占了一卦，说是得罪了黄河之神，要想免灾，必须祭黄河之神。

（一二七四）楚昭王却说：『长江、汉水乃楚之江河，黄河不在楚境，孤何以能获罪于黄河之神呢？非己之神而往祭之，谄媚也，孤不为之！』楚昭王坚持不肯往祭黄河，病却渐渐好了起来。

（一二七五）这些消息春风似的由南向北，很快传入了孔子耳中，孔子大加赞赏：『顺大道者天下昌，违纲常者天下亡。楚王遵天道，循纲常，行仁政，故必雄峙于南方。』

（一二七六）十多年来，孔子到过卫、曹、宋、郑、陈等国，足迹几乎遍及中原各诸侯国，还从未见过楚昭王这样贤明的国君，因此，他决意要到楚国去。恰在此时，楚昭王派使者来请。

（一二七七）从陈国到楚国，中间要经过一些吴、楚两国争夺的小国，蔡国便是其中之一。

（一二七八）孔子师徒一行出了宛丘，走了两日，因地理生疏，竟来到一个层峦叠嶂的去处。抬头望去，只见两边高山对峙，不见天日。人在路上跋涉，车在路上行驶，右有万仞高山，左是千丈深涧，随时都有坠落下去的危险。

（一二七九）孔子下车，四处观望，只见群山苍茫，道路崎岖，知道想在短时间内走出这绵绵山岭，找村舍客店过夜是不可能了，便令一干弟子停车解囊，在这深山幽谷中安歇。

（一二八〇）山路跋涉，人困马乏，大家随便嚼了些干粮之后，倒头便睡，一个个鼾声若雷，淹没了林涛、飞瀑。待他们睁开惺忪的睡眼，朝霞已经染红了群峰。

（一二八一）然而，意想不到的事情发生了——他们被密密麻麻的手持兵器的陌生人包围在这深山幽谷之中。

（一二八二）这些人一个个衣衫褴褛，面黄肌瘦，有的还满脸伤痕，三三两两鬼蜮似的在四周徘徊。与其说他们是兵勇，倒不如说他们是匪徒。

（一二八三）这些人并不伤害孔子师徒，只是监视，不许孔子师徒走出他们的包围圈。

（一二八四）孔子师徒无可奈何，只得草草吃过早餐，饮些泉水，收拾行装。收拾得差不多时，一位三十开外年纪的军官走来，他故作斯文地向孔子深施一礼，微笑着说：『阁下便是孔老夫子吧？』

（一二八五）孔子还礼说：『老朽正是孔丘。不知将军是哪家军队？我们并未获罪于谁，何以要困我师徒于这深山幽谷之中？』

（一二八六）军官并不正面回答孔子的问话，笑嘻嘻地说：『听说夫子师徒欲往楚国而去，不知是真是假？』

（一二八七）『吾等正欲适楚，不知将军有何见教？』孔子素来不会撒谎，如实作答。军官仍是笑容可掬地说：『下官奉上司命令，劝贤师徒回车返辙，或仍回陈国，或别作他图，只是不准适楚。』

（一二八八）子路再也忍耐不住了，『铮』的一声拔出宝剑，怒视着军官说：『休要欺人太甚！返陈适楚，是我等之事，与你何干？快让开路，莫多管闲事。否则，休怪我剑下无情！』

（一二八九）那军官并不恼怒，依然笑嘻嘻地说：『我知道夫子手下有几位勇力过人的猛将，不过，切莫忘记常言所说，寡不敌众，还请诸位三思。』

（一二九〇）军官用手指指四周山坡上黑压压的兵勇，说：『夫子偌大年纪，若是与我等械斗起来，万一有什么不测……』

（一二九一）子路插剑入鞘，垂下了头。军官最后重复说：『夫子若是回车返辙，我等可以护送，确保万无一失。若执意适楚，则不准前进一步。』

（一二九二）原来，陈国贵族中，有亲吴与亲楚两派。亲吴派听说孔子师徒应昭王之邀而适楚，怕孔子辅佐楚昭王，楚国会因此更加强大，对其主子不利，于是派兵勇与囚徒围困了孔子，企图迫使孔子改变主意，放弃赴楚的念头。

（一二九三）孔子一生，无论做什么事，都是矢志不渝的。既然认定楚昭王是位贤明君主，昭王又派人来邀，岂肯回车返辙！然而，如今困在这深山幽谷之中，犹鸟处笼中，有翅难展。

（一二九四）眼下最要紧的就是粮食，孔子师徒只带了两天的干粮，如若对方三五日不肯放行，那可真要困死在这里了！冲出去吗？一则寡不敌众，二则不熟道路地形，无异于以卵击石。

（一二九五）颜回与子路、子贡等人商议，将干粮收集起来，统一保管，定量分食。夫子年老体弱，满足供应。其余人等便采野菜、野果充饥。

（一二九六）吃午饭的时候，颜回将干粮和姜丝端到孔子面前，请夫子用餐。

（一二九七）孔子语重心长地说：『回呀，尔等之言丘俱已听见。十数年来，尔等追随为师，四处漂泊，为师已觉不安。今又受困遭厄，理当同舟共济，丘岂能多食！』

（一二九八）颜回苦劝，孔子终不肯接受，只吃了一点点，便推说因年老而食欲不佳，不肯再食。颜回只好眼含热泪将干粮端走。

（一二九九）像这样一直熬过了四天，带的干粮已经全部吃光，只靠野果、野菜充饥，孔门弟子或因饥饿，或因野物中毒，有的腹痛，有的泻肚，病倒不少。即使没患病的，也情绪低落。

（一三〇〇）然而孔子却照样谈笑自若，弹琴、唱歌，坚持给弟子们讲学。他想用道理教诲弟子，用古代的典范鼓励弟子，用自己的情绪感染弟子。他何尝不饿、不苦、不恼，他能坚守的只是自己的信仰，能够克制自我了。

（一三〇一）这天上午，孔子又在操琴。子路闻听琴声，心烦意乱，噘着嘴，愤愤地问孔子：『夫子于困厄中作歌，这合乎礼仪吗？』孔子并不回答，待一曲终结，放下琴说：『君子好乐为无骄，小人好乐为无惧。由哇，你追随我多年，难道还不了解为师吗？』

（一三〇二）子路心中仍有疑惑，继续问：『我们所信奉的学说是不是有什么不对的地方呢？是否因为我们没有达到仁的境界，所以别人不信任我们？是否因为我们还没有达到智的境界，所以别人不实行我们的学说？』

（一三〇三）孔子上下打量着子路，长叹一声说：『由哇，昔仁者伯夷、叔齐饿死于首阳山，智者比干被纣王剖心，忠者关龙逄见刑于桀，谏者伍奢见杀于吴，君子博学深谋而不遇时者多矣，非丘一人也！』

（一三〇四）听了夫子的这一席话，子路沉思着其中的含蕴，默默退出。

（一三〇五）孔子又把子贡召来，说道：『赐呀，好农夫能种好庄稼，但未必能获得好收成；能工巧匠可做出好器具，但未必为人所需；君子能修道，但未必为世所容。若不修道而求容，志向未免太小了！』

（一三〇六）孔子又与颜回探讨了相同的话题，颜回回答说：『夫子之道如苍天般宏大高远，所以天下没有国家能容纳。即使如此，夫子仍坚持推广实行，不被容纳怕什么？正是如此才显出君子本色……』

（一三〇七）孔子听了，很是欢喜，笑着说：『回呀，的确如此！你与我志同而道合，假如将来你成为大富翁，丘愿为你当管家。』颜回听了夫子的话，忍不住笑了。

（一三〇八）随着日子一天天过去，患病的弟子愈来愈多了，孔子也感到浑身不适，力不能支，弹琴、唱歌也不像前两天那样有神、有力、有情了。不能继续坐以待毙了，否则真的会被困死在这里！

（一三〇九）孔子一边用颜回的话劝导弟子们，一边让子贡设法去买些米回来，聊以充饥。子贡是孔门弟子中最有辩才、最有外交能力的人，这一艰巨任务自然落到了他的身上。

（一三一〇）休看那名军官在孔子面前是笑容可掬的神态，但他对部下的士兵却极其凶狠，动不动便暴跳如雷，施以皮鞭、棍棒，士兵们个个敢怒而不敢言。

（一三一一）每到夜晚，大多数兵勇便回帐篷安歇，只留少数人轮番站岗监视。第四天深夜，子贡手持两件夹衣走向两个站岗的哨兵，月光下只见他们衣衫单薄破烂，正怀抱兵器蹲在那儿瑟瑟发抖。

（一三一二）子贡分别给他们披上夹衣，其中一个，脸上的伤已溃烂，正向外流着脓血。子贡从怀中取出药膏，轻轻地给他涂在患处。由于疼痛的刺激，他突然惊醒，并警觉地跳了起来，本能地握紧了手中的长矛，喝问道：『什么人？』

（一三一三）子贡施礼说：『吾乃孔门弟子端木赐，寒夜难熬，起来走走，见二位兄弟衣衫褴褛，特送两件夹衣来，以御风寒。行路之人，随身备有伤药，见这位兄长脸上溃烂不堪，脓血淋漓，便予以敷面，不想惊动美梦，实乃罪过！』

（一三一四）直到这时，两个哨兵才发觉自己身上果然多了一件衣衫，确实比先前暖和多了。其中一个岁数较小的哨兵说：『我们知道你们都是些善良的人，孔子是当今闻名的圣人，提倡仁德，救苦救难。欲害这样的贤哲，真该天打雷劈！』

（一三一五）那位脸上有伤年纪稍大的哨兵经子贡敷过药膏后，感觉舒服许多，感动得蹲在地上，两手托腮，呜呜地哭泣。

（一三一六）子贡见他哭得可怜，劝慰说：『这位仁兄不必伤情，当今天下，是非混淆，黑白颠倒。像我们夫子，欲施仁政德治于天下，四处奔波，但却受阻遭嫉，不为天下所容。』

（一三一七）『如今我师徒被困于这深山幽谷之中，夫子已经三天未曾吃过一顿饱饭。偌大年纪，万一有个好歹，我等岂不获罪于天！天下百姓尚有何望？』

（一三一八）『这位先生快说说，我们能帮孔夫子什么忙吗？』那位脸上带伤的哨兵热泪盈眶地说。『是呀，只要能救夫子，哪怕我们丢掉性命也在所不惜！』岁数小些的哨兵坚决地说。

（一三一九）子贡再次施礼说：『感谢两位兄弟诚心相助！劳烦二位恩人代为买些粮食，以充饥腹。』

（一三二〇）『这个不难。』脸上带伤的哨兵首先表示说，『我们今夜站岗，明日便一天无事。翻过东山便有集镇，保你师徒明日晚餐饱食。』

（一三二一）子贡千恩万谢，拿出许多钱币塞到二人手中。年岁稍小的哨兵惊异地说：『先生如此慷慨，不怕我等骗钱逃走吗？』

（一三二二）子贡微笑着说：『待人以诚，乃夫子常教导我们做人的信条。我观二位淳朴善良，绝非刁钻狡猾行骗之辈！』

（一三二三）难得能受到陌生人的信任，两名哨兵很是感激，当即谈妥明日交粮的时间、地点和方法。

（一三二四）断粮第五日的上午，徐徐秋风送来了阵阵浓郁的清香，孔子循香味而行，在幽谷的深处发现了一片兰花。说也奇怪，兰花本是孟春开放，而这里的兰花却在仲秋卖俏，它们千姿百态，争芳斗妍，令人陶醉。

（一三二五）尤其是它们生长在这里，不为人所知，不为人所赏，不为人所赞，默默地送晚霞，迎朝晖，装点着荒山野岭，慷慨地散播着香气，这才是真正的君子！

（一三二六）孔子将弟子们召集来，让大家观赏加品评，接受启迪，并借题发挥，大讲君子之道，然后操琴赞颂，即兴作《猗兰操》。

（一三二七）『习习谷风，以阴以雨，之子于归，远送于野。何彼苍天，不得其所！逍遥九州，无所定处。世人暗蔽，不知贤者。年纪逝迈，一身将老！伤不逢时，托辞于兰。』

（一三二八）苍老、哀怨的歌声在山谷中回荡。颜回闻听，很感悲凄，凑上前去说：『夫子作此琴操，以幽兰自比，想必有归隐之心吧？』孔子回答说：『知我者，莫若回也！』

（一三二九）断食第五天的下午，两名哨兵果然给孔子师徒买来了白米、鱼、肉和蔬菜。弟子们七手八脚地忙了起来，有的淘米，有的洗菜，有的切鱼割肉。

（一三三〇）在诸多弟子中，颜回是最擅长烹调的一个，所以由他掌勺烧菜。

（一三三一）正在从锅中盛菜的当儿，山洞中刮起了一阵风，洞壁上的尘灰掉进了锅内，沾在一块肉上。颜回急忙将弄脏的肉块取出，不舍得抛掉，便用嘴吹了吹灰尘，然后填入口中。

（一三三二）子贡远远地只见颜回往嘴里填东西，误认为是在偷吃，便来见孔子，问道：『穷困之时，君子亦改节吗？』孔子回答说：『穷困改节，岂能称为君子？』

（一三三三）子贡说：『颜回素称仁廉，不该瞒过夫子，先行偷吃充饥。』于是将方才所见告诉了孔子。孔子不信，召来颜回说道：『丘昨夜梦见先人，想必是其佐我脱险，快将饭菜端来，丘将先祭而后食。』

（一三三四）颜回将实际情况如实地叙说了一遍，最后说：『菜已为回吹灰先食，岂可祭祀先人，待明晨再祭吧。』子贡在一旁听了颜回的叙述，羞愧得满脸通红。

（一三三五）孔子师徒挨了几日的饿，一旦有米饭、鱼肉充饥，自然吃得十分香甜。但因不知何时才能解围，须得细水长流，因而仍是定量分食，不敢填饱肚子。

（一三三六）后来，围困孔子的兵卒发生了哄抢食物的严重事件，为首的两人竟被抛进了山谷之中。

（一三三七）孔子得知消息之后，觉得他们十分可怜，立即派子贡等携带食物、草药前去搭救，若还有一口气，便予以救助，帮他们逃生。

（一三三八）所幸两个受罚的兵卒只是被打昏，并未丧生，一经子贡等调治，又各自吃了一顿饱饭，便很快恢复了健康，逃命去了。

（一三三九）断粮第七日的黄昏，阵阵清风挟着兰花的幽香从幽谷吹来，晚霞染红了峰峦。突然，喊声大作，呼声震耳，无数兵将从四面杀来，只杀得陈国的围兵狼狈逃窜，那名作威作福的军官也成了刀下之鬼。

（一三四〇）前来解围搭救的是楚国的边防军队。原来，那两个被子贡救活的陈国兵卒逃生后并没有回家，为报孔子师徒救命之恩，他们结伴逃到了楚国，向驻守在楚、蔡边境的一位将军报告了孔子师徒在幽谷被困的消息。

（一三四一）这位将军早就听说过孔子的贤名，而且知道楚昭王十分仰慕孔子，孔子是应楚昭王的邀请从卫国到楚国，途中在蔡地被围困的，楚国当然有义务出兵解救，于是亲自率领士兵前来解围。

（一三四二）孔子率领众位弟子施大礼见过救星，千恩万谢，然后由楚军护送平安经过蔡国，来到了楚国境内。

（一三四三）楚国有一位叫沈诸梁的大夫，人称叶公，这时正驻守在负函（今河南信阳县）。叶公是当时颇有贤名的政治家，他与孔子曾见过一面，相互敬慕。现在孔子要到楚国的郢都去，便绕道负函去拜访这位老相识。

（一三四四）进入楚地，前往负函。一天，孔子师徒一行出了客店，见两个小孩正在店门口激烈争辩，互不相让。孔子走上前去，微笑着说道：『二位童子，为何事争论不休？』

（一三四五）甲童指天画地地说：『我们在争辩这轮红日，何时离地面最近。』

（一三四六）孔子吃了一惊，小小年纪，竟然提出了这样的问题，可见楚国的教化不同凡响。孔子对这两个孩子和他们提出的问题很感兴趣，便不顾赶路匆忙，凑上前去，十分关切地问：『依你之见，太阳何时离地面最近呢？』

（一三四七）甲童理直气壮地回答说：『早与晚，太阳离地面最近。』孔子追问道：『这是为何呢？』甲童解释说：『日出东山，日薄西山，大如车轮伞盖，而日中则小似圆盘。凡人视物，近者大则远者小，所以我说，早与晚太阳离地面最近。』

（一三四八）孔子皱眉想了想，甲童说的确有道理，不禁脱口赞道：『好，言之有理！』乙童抢上前来，辩驳道：『有何道理？早与晚，太阳沧沧凉凉，而到中午，则灼热炙烤，如火似汤。所以我说，中午太阳离地面最近。』

（一三四九）孔子的眉头又皱了皱，感到乙童说的也很有道理。两个孩子瞪着疑惑的大眼睛盯着孔子，等着他解答评判，目光像四把利剑，刺得孔子目瞪口呆，无言以对。

（一三五〇）孔子素来实事求是，从不掩饰自己的不足，哪怕是在孩子面前。他老老实实地告诉两个孩子，这个问题他自己也弄不明白。

（一三五一）两个孩子很感失望，你看看我，我瞧瞧你，最后甲童说：『都说你是无书不读的圣人，谁说你知道的比别人多呢？』

（一三五二）是呀，孔子常常自责，自己知道的东西的确是太少了，有时不如老农，不如老圃，甚至不如采桑女，不如八岁童子。『三人行，必有我师焉。』

（一三五三）辞别了聪颖的童子，孔子师徒迎着朝阳，披着彩霞继续赶路。

（一三五四）正行之间，迎面忽然走来一个汉子，只见他身材高大魁梧，步履踉跄，东摇西晃，像喝醉了酒似的。

（一三五五）汉子来到孔子车前，先是疯疯癫癫地围绕着马车转了三圈，然后在车前边舞边唱『凤鸟凤鸟，你的德行为什么衰退了呢？过去的事情已不能挽回，未来的事情还来得及呀。算了吧，算了吧，如今那些从政的人都要亡危了！』

（一三五六）孔子见此情形，忙跳下车来，欲和他交谈，然而这位楚国的『狂人』却哈哈大笑扬长而去。孔子不解地说：『既然现身作歌以讽我，却又不愿与我交谈，真令人难以捉摸。』

（一三五七）子路说：『此乃狂人，夫子何必理会？』孔子说：『怀才不遇之士，佯狂以避世，非真狂也。』马车在泥泞的道路上颠簸前行，孔子在车上正襟危坐，回味着这位『狂人』的嘲讽之歌。

（一三五八）子路又与夫子讨论了一会儿天下时势，叶公与楚昭王的为人，以及可能遇到的情形……

（一三五九）子路一边与夫子交谈，一边驱车疾驰，竟忘记了辨认方向与路径。又行一段，前边一条浩浩荡荡的大河挡住了去路，河宽数丈，波浪滔天，那气势颇似三年前所见到的黄河。河上既无桥梁，又无船只，要想渡河过去，除非插翅飞翔。

（一三六〇）突然，有一七旬老翁身背渔篓，手提渔叉，从柳树林里走了出来，边走边唱着：『沧浪的水清呵，我洗我的帽缨；沧浪的水浊呵，我洗我的泥脚！』

（一三六一）孔子正欲令子路前去问路，那老翁竟睬也不睬地唱着歌走远了。

（一三六二）不远处，有人正在肩并肩地拉犁耕地，孔子让子路去向他们打听这条大河的渡口在什么地方。

（一三六三）子路奉命，顺手将手中的缰绳交给了孔子，匆匆忙忙走了过去，恭恭敬敬地施礼问道：『打扰二位老丈，请问此河渡口在何处？』

（一三六四）两位耕地的农夫闻声直起腰来，用衣袖擦拭着满脸汗水，打量着不远处的车辆和人群，半晌，那位大汉才问道：『那位执辔者是谁？』

（一三六五）子路回答说：『吾夫子孔丘。』大汉又问：『是鲁之孔丘吗？』子路说：『正是。』大汉说道：『鲁孔丘号称圣人，率弟子周游列国，车辙足迹遍天下，他应该知渡口所在，何必来问我等农夫！』

（一三六六）子路又向满脚泥巴的胖子深施一礼，说道：『恳请长者指示此河渡口。』满脚泥巴的胖子问道：『你是何人？』子路十分谦恭地说：『小子名唤仲由。』『是孔丘弟子仲由吗？』胖子追问。『正是。』子路耐着性子回答。

（一三六七）满脚泥巴的胖子说：『乱世纷扰，已遍天下，何人能够治平？你与其追求避人之士，岂若从我等避世之士呢？』胖子说完，二人便躬身拉犁耕田，不再理睬子路。

（一三六八）子路懊丧地回到孔子身边，将与二人对答原原本本地叙说了一遍。孔子怅然叹息说：『鸟兽不可与同群。若不同人群相交，又与何相交呢？倘天下有道，丘何须率尔等四处奔波，从事改革呢？』

（一三六九）孔子命子路御车沿河堤前行，行了三五里路，见有一座石拱桥横跨河上，桥上行人来来往往，熙熙攘攘。子路挥鞭驱马上桥，过了河。

（一三七〇）在异国他乡行路不易。一天傍晚，孔子命子路前去探路，子路返回时，不见了夫子与同学的踪影，四处打探，毫无消息。

（一三七一）子路在旷野之中徘徊。忽见一位老人，用手杖挑着竹筐，放在肩上，边走边吟。子路忙走上前去，躬身施礼问道：『老丈可曾遇见我们夫子？』

（一三七二）老人回答说：『四体不勤，五谷不分，孰为夫子？』老人说着，放下竹筐，拄着拐杖摘取篱边的芸豆放到竹筐中。

（一三七三）子路心想，这一定又是一位隐士，以往的事实告诉他，凡隐士待人都是冷若冰霜的，看来今夜是要露宿旷野了。但他却并不离去，为表敬意，一直垂手立正，恭恭敬敬地站在那里。

（一三七四）老人仿佛看透了子路的心思，待摘满竹筐，便说道：『日没天黑，你到何处去寻找夫子？前去数十里方有客店，夜间行路不便，如若不嫌，且到老汉草舍去委屈一宿吧。』

（一三七五）这自然是子路所期盼的，他忙上前拱手施礼说：『老丈慷慨借宿，仲由感恩不尽！』

（一三七六）子路跟随老人回到家中，只见室中陈设典雅，不像一般农家。老人一边让座，一边唤出两个儿子行礼相见，然后吩咐道：『立即杀鸡具馔，招待远方来客。』

（一三七七）两个儿子答应了一声『是』，便分头准备去了。子路十分感激，忙致谢说：『失路之人，惊扰高士，已觉不安，只求留宿，怎敢再让老丈破费。』老人说：『既到茅舍，便是客人，农家素来好客，岂能让客人受委屈！』

（一三七八）这位老人自称无怀氏，隐居田舍，自食其力。粮食是两个儿子春耕、夏耘、秋收而得的；衣服是家人植麻、纺纱、织布、裁剪制作而成的；瓜菜是老人在篱边垄畔种植的。

（一三七九）后院有栏圈，喂养着鸡、鸭、猪、羊；村外有池塘，养着鱼虾。

（一三八〇）老人还深明医理，遇到疾病，不用求医问诊。这样一来，事事不求人，不与外人交往，省却了许多应酬与烦恼，很是安闲自在。

（一三八一）老人陪子路闲谈，只拉家常，不谈国家大事。不一会儿，老人的两个儿子端来了美酒佳肴，酒是自家的陈酿，菜肴是家养的鸡鸭和自种的蔬菜，样样俱全。

（一三八二）老人将子路让于上座，父子三人相陪，轮番把盏，殷勤劝酒，直喝得子路醉醺醺、美滋滋。酒足饭饱之后，老人安排子路到客房休息。

（一三八三）这一夜，子路睡得十分香甜。待一觉醒来，已经日上三竿。主人招待子路吃过早饭，送他上路，彼此依依话别。

（一三八四）告别了无怀氏，费了许多周折，子路才找到了孔子一行。孔子盼子路正盼得心急火燎，忽见他归来，喜出望外，忙问：『由哇，昨夜何处安身？』

（一三八五）子路一五一十地说了一遍，孔子听后，说：『无怀氏乃避世高士，他既盛情待你，分明与丘有关。你快返回见他，代丘致敬仰之辞，并告以君臣之义及丘访问列国之苦衷。』

（一三八六）子路奉师命返回无怀氏宅第，但家中只有一位老年妇人，她告诉子路说，丈夫携两个儿子游山玩水访友去了，少则三五日，多则十多天才能回来。

（一三八七）子路只好告诉老妇人，自己奉孔夫子之命特来致谢，然后告辞离去。

（一三八八）原来，子路一走，无怀氏便预料到子路回去见到孔子，孔子必命他返回致意。孔子是济世悯人的热衷客，自己是不问治乱的世外人，两者的处世态度大相径庭。

（一三八九）『道不同，不相为谋。』待在家里，至少子路来访，必然招惹许多麻烦，倒不如回避的好，图个耳根清净。于是老人便带领两个儿子出门访友去了。

（一三九〇）听了子路的回报，孔子感慨地评论说：『老者昨夜唤出二子与由相见，分明晓得长幼之礼不可废。然而以隐居为高尚，只顾个人洁身自好，不顾乱世何时得治，苍生岂能得救？这样的独善其身于世何补？』

（一三九一）孔子师徒一行终于到达了负函城，见到了叶公。孔子与叶公虽说并非知己，但毕竟不是初次相见，且彼此仰慕，一旦相见，便促膝长谈，相互切磋。

（一三九二）孔子说：『子高公治理负函，事事公开，慎刑罚，薄赋税，万民称颂，奉若神明。真乃可敬可贺！』叶公谦逊地说道：『夫子过奖了。梁不过遇事公开，听论无私，以直道对待百姓，故而负函民众皆率直无私。』

（一三九三）孔子说：『吾党之直者，并非如此。持躬顺乎天理，合乎人情。父为子隐恶，子为父隐恶，虽不求直，直在其中。违反天理人情，虽直不足取。』

（一三九四）叶公听后，很不以为然。停了一会，问道：『梁自知才智不足，不敢入朝为官。请问为政之道，应该若何？』

（一三九五）孔子回答说：『为政者当正心修身，施惠于民，使近者悦服，远者来归。譬如北辰，高挂天空，众星环绕。』

（一三九六）『居上位者能以德为政，便可不动而化民，不言而民信，无为而国治；所守虽简而能驭繁，所处虽静而能制动，所务虽寡而能服众。能得天下，无不如此。』

（一三九七）叶公忙解释说：『梁仅为一县之主，德薄力微，绝无得天下之野心。只为吴、楚结怨，国社覆亡，幸而天不灭楚，有中包胥借得秦师，挽回天意，才得以复国。』

（一三九八）『然而楚府库中之珍宝、兵甲等，被吴军掳掠一空，元气至今未复。梁身为大夫，名为将军，常患吴兵再临，危巢遇风，故隐忧在怀，不顾冒昧，敢向夫子求教，专为图存，绝无他意。』

（一三九九）孔子赞叹说：『当世盛赞公贤，名不虚传。可惜不为君所重用，此乃君之失，非公之过也。』

（一四〇〇）『至于吴、楚结怨，公患楚为吴所灭，实多虑矣。丘可断言：楚无吴患，吴必先亡。』叶公惊讶地瞪大了眼睛，问道：『吴破楚灭越，威震东南，兵强将勇，府库充盈，怎见得会先亡呢？』

（一四〇一）孔子说：『公只见其外表，不晓其内里。从外表观之，诚如公言；然夫差亲佞人、好女色、忘仁义、远贤者，四害兼具，岂有不亡之理！』孔子解释说：『伯嚭是一个嫉贤贪财的佞臣，夫差倚为心腹，是谓亲佞人。勾践进美女西施于吴，宠冠六宫，是谓好女色。』

（一四〇二）『子胥只身逃吴，效力吴王，运筹于帷幄之中，拼杀于疆场之上，为吴立下了汗马功劳，堪称忠勇冠时之名将，但因忠言直谏而为夫差所疏，是谓忘仁义、远贤者。桀、纣因此四害而失天下，难道夫差还能够逃脱吗？』

（一四〇三）『夫子所言，令梁豁然开朗，如出洞穴之中。』叶公说，『夫子在鲁，官为司寇，兼摄相事。敢问掌刑执法，该怎样呢？』

（一四〇四）孔子回答说：『掌刑执法，民命所托，非同儿戏，力诫者有五：一诫不枉法；二诫不徇私；三诫不纳贿；四诫不慎刑；五诫不梗直。此五诫乃掌刑执法之金科玉律。』

（一四〇五）叶公闻听，连连点头称是，赞叹说：『夫子教言，使梁顿开茅塞。』孔子与叶公纵论天下时势与治世之道，推心置腹，谈得很是投机，不觉间长夜已逝，雄鸡已唱头遍。

（一四〇六）经过这次畅谈，叶公更加敬佩孔子了，但他却不能完全理解孔子。第二天一早，子路独自在庭院内散步赏花，叶公走上前去问道：『孔夫子究竟是一个什么样的人呢？』

（一四〇七）子路虽说是孔子早期的弟子，曾屡次弃官不做，追随孔子大半生，而且是孔门三千弟子中唯一敢与夫子争执甚至顶撞、要脾气的一个，彼此一向坦诚相见，无所不谈；然而叶公的问话却给他出了一个大难题。早饭之后，子路独自一人在房间中默默地思考着这一问题的答案。

（一四〇八）夫子像波涛，似激浪，精力总是那么旺盛，那么充沛，从不知疲倦，永不会停息。夫子像巨谷，若沧海，容纳了渊博的知识和学问，这知识取之不尽，用之不竭。

（一四〇九）夫子像一把万能的钥匙，他能够循循善诱地打开每一位弟子的心灵。夫子像春风，温暖、和煦，三十多年来，很少见他恶声恶语地跟人说话。

（一四一〇）夫子像朝阳，似明月，他的思想放射着灿烂的光辉，照亮了许多人的心和前进的路。夫子像一支射出去的箭，不回头，不折弯，总是朝着一个认定的方向前进。

（一四一一）然而，子路是个性格直率粗鲁、头脑简单的人，他很少会静下心来周全地思考问题，今天却因叶公的一句问话而想了许多。他想概括地客观评价夫子，但这是他所力不能及的，于是他陷入了深深的苦恼之中……

（一四一二）颜回见子路在凝神冥思，这是他多年来与子路朝夕相处所不曾见到的，很感奇怪，便问子路发生了什么事情。子路如实地告诉了颜回。颜回听后微笑着说：『你为何不告诉他：夫子为人，学而不厌，诲人不倦；发愤忘食，乐以忘忧，不知老之将至，如此而已。』

（一四一三）卫国的君位终于还是由卫灵公的孙子姬辄继承，即卫出公。通过三年的治理，卫国的政治形势日趋安定，孔子在卫做官的弟子们纷纷邀请孔子返回卫国。孔子毫不犹豫地辞别了郢都，带领一班弟子自楚返卫。

（一四一四）一天中午，孔子师徒来到一片树林中休息，人吃干粮，马啃绿草。午饭后，孔子斜倚在一棵古松下闭目养神，微风吹来了一棵干枯的蓬草，在他身边停住，刺痛了他的脚面。待孔子睁开微闭的眼睛，不等伸手去拿，蓬草又随着一阵清风飘走了。

（一四一五）它有时升到空中，有时贴着地面，穿行在林木之间，或滚动，或飘摇，飘飘停停，最后不见了，不知去向，不知何处安身。孔子望着这飘去的蓬草，听着梢头寒蝉那凄厉的哀鸣，不觉感慨万端。

（一四一六）秋天过去便是寒冬，一年将尽。自己已经六十三岁了，也到了暮秋之年。暮秋季节，农民已经收获完毕，仓满廪盈，而自己却一无所获，一事无成，未来该用什么去迎接生命的终结呢？自己的归宿又在哪里呢？

（一四一七）一阵欢快的歌声由远而近地传来，打断了孔子的遐思冥想。举目望去，一位驼背老人一手持竹竿，一手提口袋，哼着小曲，悠闲自在地朝这边走来。

（一四一八）他边走边用竹竿粘那枝头上哀鸣的寒蝉，竹竿所到之处，蝉儿无一能逃。老人将竹竿伸出去，收回来，那蝉便振着翅翼挣扎鸣叫着落入他的口袋。他粘得很准很快，远远看去，仿佛只是在不断地低头拾取。

（一四一九）等驼背老人走近身边，孔子惊异地赞叹说：『丈人粘蝉的技巧真高，莫非你掌握了什么秘诀吗？』驼背老人回答说：『每年五六月间，我于林中取蝉，开始时，粘三只飞两只，渐渐地，粘三只飞一只，到后来便一只也不再飞走，像从树上取下往口袋里装一样。』

（一四二〇）『我的身体好比是树干，我的手臂好比是枝叶，天地虽大，万物众多，但均与我无关，我的心中只有蝉翼。如此而已。』驼背老人讲完，孔子像是总结，又像是在教育弟子们：『用心专一，能通于神。佝偻丈人大概是指此而言吧！』

（一四二一）说话间飞来了一群鸽子，落在他们身旁不远的一块空地上觅食。它们并不怕人，一边瞪着机灵的小圆眼向这边瞧，一边『咕咕咕』地呼唤着。

（一四二二）内中杂有一只飞鸟，比鸽子大，比鸭子小，呈黄褐色，身体笨拙，走起路来一摇三晃，总是小心翼翼地左顾右盼。孔子从未见过这种飞鸟，便向驼背老人请教。

（一四二三）驼背老人告诉孔子说：『此鸟名意怠，飞时由他鸟引路，栖时任他鸟胁迫，进不敢向前，退不敢落后，食不敢先尝，常列群鸟之中。张网捕者，援弓射者，均伤害不了它。』

（一四二四）听了驼背老人的介绍，孔子深受启发，心想：禽鸟尚且知合群以团结，藏身以避害，何况是人呢？回想十年来，自己带领着几十个弟子，颠沛流离，被围于匡，受恐吓于宋，被困于陈、蔡，几乎丧生，这与自己不知避害有很大关系。

（一四二五）自己曾读过『林回弃千金之璧，负赤子以避乱』的故事。重千金的是以利合，重赤子的是以天属。以利合的，遇到灾患祸害必彼此相互抛弃，以天属的遇到危难必相互营救。

（一四二六）自己长期抛家舍业，别妻离子，流落在外，这难道是合『天属』的吗？这世道真是『直木先伐，甘井先竭』吗？『自夸者易贬，功成者招忌，名高者受谤』，似乎是亘古不变的常理，自己能够逃脱吗？想着想着，孔子的心中充满了矛盾与苦恼。

（一四二七）本来，孔子这次是要径直返回卫都帝丘的，因受意怠鸟的启迪，便派子路、高柴先到帝丘去探听实际情况，看看卫出公对自己是怎样的态度，有没有回去从政的机会。自己则带领弟子们到宋卫边界的仪邑暂住。

（一四二八）孔子师徒住在仪邑一家普通的客店里。一天下午，店家来报，说有敝邑封人（封人是官名，职责大致是典守边疆）拜见孔子。孔子吩咐子贡出去接待。子贡来到客室，见封人正立在那儿恭候。

（一四二九）经店家介绍，封人向子贡拱手说道：『某虽系风尘小吏，然素来仰慕君子贤人，凡经过敝邑之君子贤人，未曾不见。今闻听孔夫子驾临，特来拜见受教。』

（一四三〇）子贡引封人进内室来见孔子。封人见了孔子一揖到地说：『某虽居下位，然颇留心天下时势与君子贤人的踪迹。素慕夫子是天下久负盛名的圣人，遍访列国，欲以「仁政」「德治」救万民，可是奔走十年，大道终莫能行。』

（一四三一）『夫子既然博学多能，当然通达事理。眼见天下纷乱，自己也亲历不少险境，曾被困于匡、宋、陈、蔡等地应该有所觉悟，何必再东奔西跑呢？』

（一四三二）孔子听完之后说：『丘之道，来自上古圣贤。居上位者，借着职权以化民，收效较易；然而吾道未得上位者采用，只好以口舌说法，以启万民。』

（一四三三）『丘之所以走遍天下，游说诸侯，结交士大夫，旨在借语言传古圣贤之道，以济天下。至于个人功名富贵，丘视之若浮云！』『誓欲救民于水火。此志可纳四海，非风尘末吏所能妄测！』封人感慨地说。

（一四三四）孔子之言，对封人触动颇大，他表示今后还会多请夫子赐教。封人说罢，起身告退。孔子命子贡代送到客店门外。

（一四三五）孔文子娶了卫灵公的大女儿，因此，他是蒯聩的大姐夫。孔文子在卫国早已独掌大权。

（一四三六）孔文子虽在卫国独掌大权，但在协调蒯聩和卫出公两者的关系上左右为难。他反复想了许久，想起孔子是负天下重望的圣人，如果能请他回来同理朝政，一切问题便有望解决了。

（一四三七）而且孔子有许多贤弟子，可以做柱石、挑重担，共治卫国，因而他便征得卫出公的同意，欲到楚国去迎回孔子师徒。恰在这时，子路、高柴求见。孔文子忙殷勤地将二人迎接入内，尚未坐稳便急急问道：『为何不见孔夫子归来？』

（一四三八）子路将实情告诉了孔文子，孔文子说：『正如久旱盼雨，我日夜都在盼望老友归来，岂有不欢迎之理？明朝一定亲驾车舆往迎！』

（一四三九）彼此又谈论了一会儿国政，孔文子非常高兴地对子路说：『我已年高，军权现已交王孙贾。但府中尚有家卒三千，无人统率，今日将军亲至就请担此重任，我再荐举将军为大夫。高柴原为士师，仍任原职。不知二位意下如何？』

（一四四〇）子路听说可以身兼双职，施展抱负，欣然称谢。高柴性格内向，很少言语，只是默默地点头表示同意。孔文子招待子路、高柴吃过便饭，三人一同入朝拜见卫出公。孔文子向卫出公奏明原委，卫出公一一准奏。

（一四四一）第二天早朝以后，孔文子便与子路、子羔分别驾着两辆装饰豪华的马车到仪邑去迎接孔子。

（一四四二）卫出公也学着祖父卫灵公的样子，率领文武官员郊迎大贤，回宫后设盛宴为孔子师徒接风洗尘。

（一四四三）孔子回到卫国的第二天上午，弟子们与他一起闲谈，子路就问孔子：『倘若卫君起用夫子主持政务，夫子将以何为先呢？』

（一四四四）子路向孔子提出了一个很重要的问题。在返回卫国的路上，在居仪的日子里，孔子一直在思考这一问题。对此，他早已胸有成竹了，所以当子路提出时，便不假思索地回答说：『先端正名分，使之各安其分。』

（一四四五）子路对卫国的君位继承问题的看法如同世俗，认为辄继君位和拒绝其父蒯聩回国是不合『名分』的，要『正名』就得反对卫出公，迎接蒯聩回国执政为君。而持这种观点在卫国不仅难以立足，恐怕还要招惹滔天大祸。

（一四四六）他没有悟透孔子的意思，因而提出怀疑：『夫子未免太过迂腐了吧？当今之卫国，如果首先端正名分，那怎么能行得通呢？』

（一四四七）孔子不高兴地说：『由哇，你说话竟如此粗野浅薄！不懂之事，君子应取保留态度，不可妄言！名不正，则言不顺；言不顺，礼乐不兴；刑罚不公，百姓则手足无措。君子对于名分，不可不言，言之则必可行。君子之言，定要严肃不苟，万不可马虎从事！』对于夫子的话，子路虽不十分明了，但却不再言语。

（一四四八）由此可见，孔子决心接受卫出公的邀请，在卫国干一番事业，施展自己的政治抱负，因而提出了自己『必也正名乎』的政治纲领。

（一四四九）然而，卫出公既像他的祖父卫灵公一样郊迎孔子，宴请孔子，礼待孔子，博得了一个『爱贤』的美名，又与他的祖父卫灵公一样并不重用孔子。孔子在卫国五年，始终仅仅是一位享受国家俸禄的宾客。

（一四五〇）孔子是个有理想、有抱负，想做一番事业的人，仅仅『公养』，完全违背了他的意愿。在这种情况下，孔子只好把精力用在教学与治学上，为他几年后返回鲁国，删《诗》《书》定《礼》《乐》修《春秋》搜集资料，创造条件，奠定基础。

（一四五一）一天，孔子闲来无事，由子贡陪同到士师府去察看高柴的政绩。高柴不在，他的副手正在审讯岭邑邑宰。

（一四五二）岭邑已经两年不曾缴纳田赋，影响了国库的收入，孔文子责成士师依法审理。岭邑邑宰哭丧着脸说：『敝邑地处山区，近几年来常有猛兽出而作害，毁坏庄田，捕食牛羊，失踪和被伤害的人不计其数，农夫纷纷迁徙……』

（一四五三）『不管有何困难，拖欠田赋，总是你有失职守！』副士师打断了邑宰的话，『本官限你三月，务须将所欠之赋税如数缴清；否则定严惩不贷！』

（一四五四）『农夫逃亡，土地荒芜，纵然将末吏碎尸万段，也难缴清田赋……』邑宰为难地争辩着。

（一四五五）『休得狡辩，三月内不缴清田赋，你须提头来见！轰下堂去！』副士师将惊堂木拍得震天响，暴跳如雷。

（一四五六）高柴回来之后，见夫子来视察政事，便如实地作了较详尽的汇报。谈及方才副士师审讯岭邑邑宰的事，高柴说：『此事全在弟子失职，未能劝说副士师审慎从事。副士师为人正直，办事认真干练，只是粗鲁莽撞，易出事端。』

（一四五七）孔子问：『柴呀，依你之见，此案该如何了结？』高柴回答说：『深入岭邑察访耕作收获之实情，访农夫衣食之疾苦，然后奏明国君，酌情减免赋税。』

（一四五八）『更为重要的乃是组织猎手进山，除去兽害，迁徙之农夫方得以归家，安居乐业，勤于农桑。民既富有，何患田赋难征？』孔子欣慰地点点头说：『柴之所言，正合吾意。待进山之日，勿忘告知为师，丘携弟子同往，共探疾苦。』

（一四五九）忽一日，子羔来约孔子进山。师徒一行十多人来到所要视察的目的地。

（一四六〇）只见梯田里蒿莱遍地，一片荒芜；山谷中林深草密，山坡上荆棘丛生；为数寥寥的村庄，残垣断壁，兔走雉飞……

（一四六一）这些景象告诉大家，邑宰的话没有半点虚假，无钱粮缴纳田赋是在情理之中。必须立即采取措施，拯救这一邑百姓。

（一四六二）天气晴朗，风和日暖，孔子提议登山远眺，以开阔心胸。他已经许久不曾登山览胜了，十多年来，四处流浪，虽说跋涉过不少名山胜水，但恓恓惶惶，哪里还有闲情逸致观赏山光水色呢？

（一四六三）今日他见弟子理政有道，一方百姓将会得救，心中十分高兴，所以不顾年迈体衰，竟有兴致登山了。

（一四六四）爬上一座山梁，眼前是一道深谷。两山峡谷深窄，山高坡陡，水流湍急似箭。清澈的涧水奔腾呼啸，打着漩涡，一泻千里，在山石间激荡碰撞，轰鸣作响。

（一四六五）孔子站在岸边眺望观赏，由这湍急的峡谷水流生发开去，想得很多、很远。突然，有一个汉子纵身跳下水去，瞬间被激流巨浪吞噬了。

（一四六六）众人大惊，正想设法营救，忽听一阵歌声飘来，抬头再看，只见那投水的汉子已然仰卧波上，安然自得，边歌边泳，很顺利地到达了彼岸，站在岩石上向对面眺望。

（一四六七）孔子迫不及待地问道：『敢问壮士，这游泳有道可学吗？你是怎样学得如此精湛的呢？』壮汉回答说：『我不知有道，更不知是如何学法。』

（一四六八）孔子又问：『莫非你生就善游，如行陆地一般吗？』壮汉说：『这是我的故土，我生于此而安于此。我生于水而安于水，因而游技与生命俱长，这是我的天性，大约是我命中注定的吧。』说完，一揖告别，无忧无虑地唱着山歌远去了。

（一四六九）孔子疑心这又是一位避世之士，在劝诫自己要安于故土，不必四处奔波；要安于时势，不必自寻苦恼；要安于命运，不必拼力挣扎。

（一四七〇）他沉思了半晌，然后对弟子们说：『游水汉子之辞，丘不能苟同。倘安于混沌，盘古不挥动板斧，开天辟地，何以会有今日朗朗之晴空！丘之一生，就是要进取，要拼搏，要行吾之大道！……』

（一四七一）公元前四八八年的夏天，吴国胁迫鲁国，在鲁国的鄫城（现在山东峄县境内）举行了一次会谈，鲁国的子服景伯为鲁哀公的相礼官。

（一四七二）在这次会谈中，吴国恃强凌弱，任意摆布鲁国，向鲁提出了一系列无理的要求。吴国要求鲁国拿出一百只牛、一百头羊、一百头猪作为献礼，当时称为『百牢』。

（一四七三）这显然是在以强凌弱，鲁国当然不从，子服景伯说：『先王无此礼制，鲁岂敢逾越！』吴相礼官说：『宋已献我「百牢」，鲁不得在其后。况且昭公二十一年，鲁曾献十一牢与晋大夫范鞅，难道今日献百牢与吴王，不是理所当然的吗？』

（一四七四）子服景伯愤愤地说：『晋之范鞅贪而弃礼，以强晋凌我弱鲁，鲁不得不从。今吴弃周礼，强索「百牢」，这难道是君子之举吗？』

（一四七五）回到住地，子服景伯对鲁哀公说：『当今时势，吴强而鲁弱，若执意不肯献「百牢」之礼，吴必出兵伐鲁。小不忍则乱大谋，依臣之愚见，以屈从为上。』

（一四七六）鲁哀公有什么办法呢？自己的国家弱小，就是要受强国的欺凌，弱肉强食，这是当今天下的残酷现实，只好点头应允，以『百牢』之礼献吴。

（一四七七）吴国在会谈桌上取得了胜利，得意而归。太宰伯嚭没有参加吴鲁会谈，这次外交上的胜利没有他的功劳，他很懊恼。

（一四七八）伯嚭是个贪婪的佞臣，一向嫉贤妒能，不甘在人之下，便以大国自居，派人到鲁国去召季康子来吴禀见。他想露一手，捞一把，粉饰自己。

（一四七九）季氏宽大的议事厅里，季康子一人在焦躁不安地走来走去。他只有三十八岁，但由于整日山珍海味，吃得脑满肠肥，加之无所事事，因而过早地发福了。

（一四八〇）季康子不学无术，又圆又大的脑袋里仿佛堆满了肉与脂，连半点缝隙也没有，加上脾气大，性子急，所以哪怕遇有针尖大小的事，也如同热锅上的蚂蚁般坐卧不安。

（一四八一）自从接到了伯嚭的邀请信，他就一筹莫展，食不香，睡不稳。他接受了冉有的建议，派人快马加鞭，日夜兼程到卫国去请子贡……

（一四八二）子贡奉季康子之请赴吴辞谢，拜见了伯嚭。伯嚭将子贡安置到馆舍安歇，来日于太宰府详谈议事。

（一四八三）第二天巳时，一辆装饰豪华的马车来到了太宰府，车上走下了一位穿着丧服的人，他就是子贡。

（一四八四）早有门人报知，伯嚭出府门见状大惊失色，怒火中烧，但又克制了自己，将子贡迎入正厅。二人分宾主坐好，伯嚭问道：『先生为孔夫子高足，尽知礼仪，请问此为何礼？』

（一四八五）子贡回答说：『此乃畏大国矣，并非礼也。大国不以礼待诸侯，贻害无穷，必将亡国。』伯嚭反驳说：『大国民富兵强，横行天下，臣服诸侯，岂有亡国之理！』

（一四八六）子贡冷笑着说：『太宰岂不闻井蛙观天，鼠目寸光吗？吴今虽强，然不久将焚宗庙，覆社稷，亡君臣，死万民，故赐特依礼着丧服，先来吊孝致哀。』

（一四八七）伯嚭再也忍不住了，拍案而起，说：『儒生休得胡言，小心割掉你的舌头！』子贡泰然自若，边品茶边说：『太宰休动雷霆之怒，请听赐陈述利害。』

（一四八八）『先生请言其详。』伯嚭像泄了气的皮球，重又坐下。子贡又呷了一口茶，然后慢条斯理地说：『赐随夫子居卫，亲眼看见一事，太宰可有兴致听一听吗？』『先生但讲无妨。』伯嚭说。

（一四八九）子贡说：『卫有岭邑，处于崇山峻岭之中。近年来常有猛虎出没，毁坏庄田，捕食牛羊，伤害男女，一邑百姓纷纷迁徙逃亡……』子贡说着，突然停住了，开始津津有味地品茶。

（一四九〇）伯嚭竟等不及了，追问说：『后来如何？』

（一四九一）子贡转移话题说：『近者，吴鲁会谈，吴不以礼待鲁，强索「百牢」。吴强而鲁弱，鲁不得不从。吴伐楚灭越，侵凌中原诸国，此与猛虎毁坏庄田、捕食牛羊、伤害男女有何不同？』

（一四九二）『吴虽强大，能胜过百兽之王吗？虎不知礼，恣意横行，为害甚广，最后被众多猎手群起而攻，终成鼎镬中之佳肴。』

（一四九三）『吴不以礼待诸侯，侵弱暴寡，肆无忌惮，结怨甚多，鲁与吴所害之诸国联合起来，犹如数百名猎手进山，虎再猛，岂能幸免？吴险如履冰，危若累卵，故赐特着丧服提前来吊，以尽故友之意。』

（一四九四）『万望先生恕嚭鲁莽之罪。』伯嚭说，『先生不愧为天下辩士，一席话令嚭茅塞顿开。嚭当奏明吴王，改弦更张，以礼待天下诸侯。』

（一四九五）又一年，吴国声称鲁国违背了『鄫邑会盟』的约定，兴师伐鲁。孟懿子对子服景伯说：『吴兵压境，这将如何？』

（一四九六）子服景伯回答说：『兵来将挡，水来土掩。吴师既来，即与之战，有何可怕？况且此乃鲁违盟，自致祸患，有何可言？』

（一四九七）吴师进入鲁国边境的第一天就攻克了东阳，向北挺进，当夜宿在五梧，第二天又驻扎在蚕室。

（一四九八）一天夜里，吴王住在泗上，鲁大夫微虎带领三百名敢死队员前去偷袭。走到稷门，有人对季康子说：『吴军强大，三百名士卒偷营劫寨，等于自投罗网。此举既无害于吴，又令诸多士卒送死，何不立即停止前进呢？』

（一四九九）季康子接受了这一建议，下令停止前进。微虎征求士兵们的意见，孔子的弟子有若挺身而出，第一个表示坚决反对，三百名士卒纷纷响应，誓与吴军决一死战。

（一五〇〇）连日来，吴军节节取胜，被胜利冲昏了头脑，思想麻痹，毫无戒备，所以鲁国的三百名敢死队员很轻易地冲入敌营，如虎入狼群，横冲直撞，只杀得那吴军丢盔弃甲，四处逃窜，溃不成军，死伤不计其数。

（一五〇一）这一夜，吴王连换了三个地方，勉强保住了性命。吴王提出与鲁国谈判讲和，订立盟约。鲁哀公与季康子都同意了。

（一五〇二）尽管子服景伯反对与吴订盟，但鲁哀公、季康子不接受他的意见，坚持与吴讲和。子服景伯无可奈何，只好服从。子服景伯担任谈判的全权代表，来到莱门。

（一五〇三）这次谈判的气氛与去年在缯邑不同，吴国不再那么气焰嚣张了，子服景伯提出的条件他们基本上都接受了，双方很顺利地签订了盟约。

（一五〇四）这次吴国侵伐鲁国的战争，鲁国以弱胜强，取得了胜利，孔子的弟子子服景伯与有若起了关键作用，充当了中流砥柱。

（一五〇五）公元前四八五年，孔子六十七岁。弟子们发现，夫子的情绪近来很不好，沉默寡言，常常独自一人到郊外的树林或小溪旁散步。

（一五〇六）一天，孔子又独处室中，仿佛是在翻阅书简，但却心不在焉。颜回新得了一包名茶，准备送给夫子品尝，发现这情景，站在夫子身旁待了半天。

（一五〇七）半晌之后，颜回问道：『夫子近来心绪不佳，莫非师母她……』孔子热泪盈眶地抓住颜回的双手，再说道：『知丘心者，莫若回也！』他对颜回说，半月前接到噩耗，夫人亓官氏病逝了。他没有声张，忍受着悲痛，默默地将泪水吞到了肚子里。

（一五〇八）按常理说，年近七十的人了，丧偶无须这样哀伤。但孔子的情形与众不同，他近二十年流浪在外，即使在国内从政的那些岁月，也无暇顾及妻小，而妻子一生都在为自己的温饱与安危担忧，常常食不甘味，夜不安寝。

（一五〇九）抚养子女，操持家务，更是全都落在夫人一人身上。可是在夫人离开这个世界的时候，自己竟不在身边。自己不配做一个丈夫，不配做一个父亲。

（一五一〇）本来将全部希望都寄托在改变这个混浊的社会现实上，然而世事茫茫，岁月蹉跎，自己竟不为时势所容，更不要说有什么功劳与业绩，这怎么能不哀伤呢？……

（一五一一）公元前四八四年春，齐简公兴师伐鲁，国书、高无平统率五百乘兵车直达齐鲁边境的清地（今山东省济南市长清区东南）。

（一五一二）这时，鲁国首都曲阜草木皆兵，人心惶惶。鲁国大权独揽的冢宰季康子急忙找来家臣冉求，惊慌失措地说：『齐师已至清地，必为侵伐鲁国而来。依你之见，该如何防范？』

（一五一三）冉求满怀信心地说：『齐师来犯，吾等奋力抵御便是，冢宰何必惊慌。』『但不知如何抵御？』季康子用无助的眼神盯着冉求。

（一五一四）冉求胸有成竹地说：『冢宰与孟孙氏、叔孙氏三家，留一家固守都城，两家随国君御驾亲征，至边境上去决一死战，必胜。』

（一五一五）季康子找到了孟孙氏与叔孙氏商议，两家都不同意。季康子无可奈何，只得又来找冉求，愤愤地说：『敌师压境，危及社稷，二氏竟不肯抵抗，居心何在？只我一室抵敌，岂不是以肉投饿虎吗？』

（一五一六）冉求和颜悦色地说：『鲁之政权，全在冢宰一人。出师御敌，胜则冢宰之功，败则冢宰丧权失国，与二氏无干，二氏怎么会愿意历险于刀光剑影之中呢？』

（一五一七）冉求分析说：『鲁群室之卒，多于齐之兵车数倍。冢宰一室之甲，亦优于齐军，有何患焉？既然二氏不肯与战，国君则不必御驾亲征。请冢宰授军权与求，求将率部面水背城一战，不胜齐军，愿以头颅来见！』

（一五一八）季康子如释重负：『总管能救燃眉之急，实乃忠勇双全之壮士也！待却齐之后，定当重酬。但不知将军尚有何求？』冉求说：『军士任我统率，百姓任我役使，令樊迟为副将，只此而已。』

（一五一九）季康子说：『樊迟年纪尚轻，恐难当此任。』冉求说：『樊迟年纪虽轻，然有计谋，有勇力，是绝佳臂助。』

（一五二〇）冉求随季康子进宫，季康子上朝面君，冉求在党氏之沟等候。正在这时，孟孺子走来，老远就问：『冉求，闻听你已被季氏任命为将军，将率师御敌，可真有此事？』

（一五二一）冉求冷冷地笑着说：『君子之远虑，小人何知？』说着，睬也不睬地昂首望着天空。那里正有一只鸿雁在蔚蓝色的天空中翱翔，冉求感慨地长叹一声。

（一五二二）孟孺子受到了很大的刺激，面红耳赤地走了过来，继续问话，冉求却只是仰首望天，一句不答。孟孺子急了，脸色由红变紫，质问说：『冉求，你为何见问而不答？』

（一五二三）冉求又冷冷一笑说：『子之所问，非尔之才力所能及，故不答。』孟孺子像挨了一记耳光，满脸火辣辣的，说：『你是在嘲笑我不成丈夫吗？』

（一五二四）冉求说：『子若为丈夫，请将右军，随求而后，共却齐师。否则，父母枉生，天地错容，人所不齿也！』

（一五二五）冉求的激将法还真管用。孟孺子立即回去整顿家甲，组成右军。孟孺子是孟懿子的长子，孟懿子死后，他世袭了父职。

（一五二六）季康子有家丁七千，冉求从中挑选了三百名精兵，大部分是武城人，作为亲兵。经过短暂的训练之后，三百名亲兵一律将刀剑换成了长矛。

（一五二七）与此同时，冉求下令组织数以千计的民夫将泗水上游凡有深水的河谷，一律开沟凿渠，将水引入泗水河畔，待命凿通，灌诸谷之水入泗水。

（一五二八）一切准备停当之后，冉求先命老幼守都城，驻扎在南城门。然后让管周父御车，樊迟为副将，率师迎敌，将齐师诱过泗水。五天后，孟孺子的右军由颜羽御车，断齐军后路。

（一五二九）孟孺子年少气盛，加之受了冉求的刺激与羞辱，争着先与齐军交锋，以逞威风。但一交战，便大败而逃。

（一五三〇）一天，冉求欲发起总攻，下令将士涉过沟去，与敌人厮杀。陈庄首先率部涉过沟去，与齐军相拼。孟之侧继后，马行到水中，抽箭打马说：『马不前也。』

（一五三一）林不狃说：『阻止恶战，足以为贤，故皆无斗志。』樊迟见到这种情形，对冉求说：『将士不逾沟，非不能也，实不信汝也。我等应身先士卒，取信于将士，以得军心。』

（一五三二）冉求对全军将士说：『凡不欲战者，限三刻时间，放下军械，脱下戎装，尽请归家，然非鲁人也！欲战者，限三刻时间，逾越此沟。既不归家，又不与战者，处以军法！』

（一五三三）冉求说完，令管周父挥鞭策马，率先跃过沟渠，杀入敌群。主帅一马当先，万马奔腾，全军将士以雷霆万钧之势跨越彼岸，与齐军交锋。

（一五三四）冉求下令三百名亲兵用长矛突击齐军车乘，迫使其下车应战，自己也抛弃车乘，与齐军肉搏厮杀，齐军于是节节败退。齐国统帅见状忙鸣金收兵，欲班师回国。

（一五三五）可是，泗水滔滔，挡住了齐军退路，士卒欲泅不能，欲渡无船。有习水性的士卒纷纷跳下水逃命，无奈水势汹涌，多被吞噬，齐师全军覆没。

（一五三六）冉求、樊迟早已弃了车乘，正在挥舞长戈指挥将士们掩杀，高呼：『全军将士，泗水暴涨，齐军败无归路，已成瓮中之鳖矣！我等背后即为国都，如若败退，则无国无家矣！』

（一五三七）冉求这一呼喊，这一动员，将士们厮杀得更加勇猛，誓欲尽扫齐师……

（一五三八）正在这时，季康子驱车驾临，视察战果，问冉求道：『闻冉将军旗开得胜，吾特来祝贺，但不知我军伤亡若何？』

（一五三九）冉求急匆匆地回答说：『战斗尚未结束，无法统计确数，估计不及齐军伤亡的十分之一。』

（一五四〇）正说话间，一位探子来报：『齐军弄到十余只舟船，正欲乘夜色渡泗水逃遁。』

（一五四一）冉求下令说：『封锁渡口，不得放走一个！』季康子忙伸手制止说：『且慢！』然后转过身来对冉求说：『兵书云：困兽犹斗，穷寇莫追。今番冉将军已给齐军致命一击，总算教训了强齐，使其对鲁不敢妄为，就放其一条生路吧。』

（一五四二）冉求说：『启禀冢宰，齐军元气大伤，聚而歼之，如探囊取物，为何要放虎归山呢？』

（一五四三）『你只看齐军元气大伤，却不见我军伤亡几何！』季康子严肃地说，『放虎归山，只是外患；损伤我家兵丁，却要受孟、叔二氏挟持，将贻害无穷啊……』

（一五四四）这还有什么话可说呢？国难当头，季康子仍念念不忘『我之家丁』，不忘争权夺利。冉求抬起头来，以鄙视的目光注视着季康子……

（一五四五）季康子毕竟是鲁国的冢宰，而且是鲁国政权的实际操纵者，而自己只不过是冢宰府的一名家臣，虽然满怀雄心壮志，很想利用这一有利的时机来实现老师追求了一生的理想，但季康子却迫使他下令停止追击，班师回朝，他只好服从。

（一五四六）鲁国再次以弱胜强，取得了胜利。孔子的弟子冉求与樊迟又充当了中流砥柱，成了鲁国的两位英雄。

（一五四七）凯旋之日，鲁哀公郊迎至十里长亭，人民倾城而出，欢声雷动。鲁哀公举行盛大的国宴为冉求、樊迟庆功。在鲁国的历史上，只有十六年前孔子夹谷会盟取胜归来时才有过这样的盛况。

（一五四八）冉求改革作战武器，令三百名精兵换刀剑为长矛，是这次战役取胜的重要原因。孔子曾赞扬说：『求能执干戈以卫社稷。』

（一五四九）在欢庆胜利的时刻，在为冉求、樊迟庆功的国宴上，季康子笑容可掬地问冉求：『孔门无将才，你的战术难道是无师自通的吗？』

（一五五〇）冉求反驳说：『谁道孔门无将才？子路、公良孺、公皙哀等均有万夫不当之勇，能运筹于帷幄之中，决胜于千里之外。求之战术，不及师兄弟之万一。吾夫子是无所不能的圣人，三千弟子之技艺，均来源于夫子的教授。』

（一五五一）经冉求一提，季康子不由得想起了近年来接二连三发生的几件事。鲁哀公七年，继『吴鲁会盟』之后，吴太宰伯嚭派使者召自己赴吴会见，欲再次侮辱鲁国。后来还是借用了子贡代为出使，舌战吴国群臣，才取得了胜利，维护了鲁国的尊严。

（一五五二）鲁哀公八年春，吴大举伐鲁，因有若参战而取胜。这年夏天，齐师伐鲁，因冉求、樊迟的指挥英明，方以弱胜强，取得了重大胜利。

（一五五三）这一切都说明，孔门弟子个个不凡，足见孔夫子是位经天纬地的圣人。自己还很年轻，执政尚无经验，若请回孔夫子，委以重任，时时请教，鲁国定会迅速振兴。想到这里，他对冉求说：『我欲将孔夫子请回来，辅佐国政，你看如何？』

（一五五四）冉求回答说：『若能如此，冢宰堪称旷古贤相，鲁国称雄有望。然而，孔夫子非常人所能比，所能了解，冢宰须知夫子之为人，方能一展其才。』

（一五五五）季康子问：『夫子之为人如何？』冉求回答说：『用之则天下必兴，万民受惠，连鬼神也无取其咎。夫子的愿望是振家邦，治社稷，而非图一己之利。若不合其意，封万户侯，也难动其心！』

（一五五六）季康子说：『我既诚心请夫子归国，自会顺其心意。』冉求说：『冢宰万不可听信小人谗言，冷淡了夫子！』

（一五五七）坐在一旁的鲁哀公兴奋地说：『爱卿之念，正与孤同，请速派人携厚礼请孔夫子归国。』冉求说：『招贤纳士，乃明君之所为。鲁有明君贤相，再有孔夫子相辅，何愁不称雄于东方！』

（一五五八）第二天，季康子便派遣公华、公宾、公林三位使者带着厚礼到卫国去请孔子。

（一五五九）一天，孔子正欲给弟子们讲学，弟子们众星捧月似的将夫子围在中间。孔子打量着每一张熟悉可亲的面孔，唯独不见司马牛。孔子正四处环顾，突然，司马牛边跑边喊地闯了进来：『夫子——』

（一五六〇）师生的目光一齐转向了司马牛，只见他泪流满面，泣不成声地说：『夫子，石头他……』

（一五六一）孔子忽地站起身，忙问：『石头恩人他怎么样了？』司马牛哽咽着说：『他，他病故了！』

（一五六二）孔子的手颤抖着：『快，快，快领为师去看看！』破旧狭小的茅屋里，地上躺着蓬头垢面、身体僵硬的石头，他衣衫褴褛，面无血色，赤着灰黑的脚，身上盖着一张破席片。

（一五六三）孔子跪拜在地，酸楚地说：『恩人哪，你如何落到了这步田地……』司马牛抽咽着说：『蘧伯玉大夫生前待他甚好，可是自蘧大夫去世后，他便连糊口的差使也没有了……』

（一五六四）『恩人在上，受孔丘一拜！』孔子恭恭敬敬地行着大礼。随行弟子们也一齐跪拜在地。

（一五六五）孔子说：『颜回呀，快将为师的马卖掉！』颜回说：『夫子，你欲……』『我欲礼葬石头恩人！』孔子坚决地说。颜回为难地劝道：『夫子，依礼，大夫不能无车。再者，吾辈将来不知还会奔波何方，路途遥远……』

（一五六六）孔子果决地摆摆手，说：『不必多言。若无恩人冒死相救，我等早成宋人刀下之鬼，岂有今日！』正在抽泣的司马牛忽然暴跳起来：『我去宰了那个衣冠禽兽！』司马牛转身便走，子路忙将他抱住。

（一五六七）司马牛挣脱子路，猛地扑到石头身上：『石头恩人，司马家对不住你呀，逼得你有国难投，有家难奔，客死异国他乡……』

（一五六八）子贡拉过颜回，低声说：『师兄，请遵师命，快去将夫子的马卖了吧。』

（一五六九）『夫子偌大年纪，怎能长途跋涉……』颜回依然站在那里一动不动。

（一五七〇）子贡说：『赐将为夫子买两匹更好的马来。难得夫子的一片情义呀！』

（一五七一）正在这时，有人来找孔子师徒。原来季康子派遣的三位使者来到了帝丘。

（一五七二）孔子离开了祖国，在各国奔波了十四年，目的在于实现『仁政』『德治』的政治理想，结果却是到处碰壁。如今已经六十八岁了，时时都在思念故土，怀念父母之邦，既然鲁哀公与季康子派使者来请，真可谓是如愿以偿了。

（一五七三）孔子将弟子们都召集起来，说明归意。凡在卫国出仕为官的，愿留下的可以继续留下，不愿留的可以一同归鲁。

（一五七四）孔文子和卫出公死活不肯放子路与高柴离去，万般无奈，二人只好留下。师生相依为命十四年，是历尽了千辛万苦的十四年，一旦要分手，真是难分难舍。

（一五七五）看着子路，孔子想起了子路的许多往事，许多好处。他最担心子路的安危，谆谆告诫说：『由啊，你勇力过人，当此卫国多事之秋，你应甘居人后，有些事就不要奋勇争先了。』

（一五七六）子路却不同意夫子的意见，他表态说：『食君之禄，必当忠君之事，岂能甘居人后呢？』

（一五七七）子路与高柴因有公务在身，便先告辞离去了。孔子望着子路与高柴的背影，默立良久，然后叹息着说：『由与柴并仕卫国，一旦卫国有乱，柴可安然无恙，由则难保其身矣！』

（一五七八）子贡问道：『夫子为何发此感慨？』孔子心情沉重地回答说：『从其二人平日性情和行事可以预料。』

（一五七九）孔子继续说：『柴外貌若愚，内心细腻，且能深明大义，颇有明哲风度，遇到危难，定然能经权择用，从容避害。』

（一五八〇）『由天性好勇，素性率直，只知一意孤行，不肯思前想后，遇到危难，只知勇往直前，恐难免杀身之祸。』说完，又长叹一声。

（一五八一）母亲的怀抱是温暖的，祖国的土地是芬芳的。孔子一踏上祖国的土地，顿时感到心旷神怡，仿佛突然年轻了许多，充满了无比的活力。

（一五八二）他解开胸襟，拿出那包泥土，奉还给了祖国的大地。而今自己终于回到了故土，就要与家人团聚，此时的孔子心绪犹如大海的波涛，迸发出万般感慨……

（一五八三）十四年的时光，这在人类历史的长河中，不过是短暂的一瞬间，而在人生的旅途中，却是如此漫长！世事动乱，瞬息万变，他的阙里，他的孔宅，他的杏坛，他的亲友，他的故旧，该是怎样的状况呢？他恨不能插翅飞回故居，与亲人团聚……

（一五八四）入夜，孔子独自一人在杏坛周围徘徊。空中有细纱似的薄云在飘浮，一轮明月，捉迷藏似的时隐时现，朦胧的月光透过茂密的杏林照在杏坛上，一切尚隐约可辨。

（一五八五）孔子抚摸着一棵棵银杏树，离去时它们只有碗口那么粗。而今，树已合抱，树冠若伞，树皮像厚厚的鱼鳞老茧。时光易逝，连这些银杏树也都已经变得苍老了。

（一五八六）然而，家乡的剧变，却不能不使他伤情。美丽贤惠的妻子已离世，而今归来，他面对孤灯，孑然一身。可怜的哥哥也去世了，早期的学生，那『三桓』之一的孟懿子也去世了。往日的亲友、故旧，也都老的老，亡的亡了。

（一五八七）往日的杏坛，弟子往来如云，而今却一片荒芜，萧条冷落。整个孔宅因年久失修，墙坍壁残，一派衰败景象……难道这就是他追求一生所得到的结果？

（一五八八）然而，孔子却丝毫也不怀疑自己所追求的目标，丝毫也不后悔自己所走过的道路，丝毫也没有动摇『仁政』『德治』的政治理想。

（一五八九）自己已风烛残年，看来难以实现夙愿。但他坚信：定有后人继承自己的事业，去努力实现治国平天下，使天下人都过上安逸幸福的生活。到那时，自己也可含笑九泉……

（一五九〇）孔鲤与子思走了过来。孔鲤将一件风衣披在父亲的身上，说：『父亲，夜已深了，小心着凉，请回吧！』

（一五九一）『祖父旅途劳顿，该早些休息了。』这是子思那稚嫩的声音。这次归来，最使孔子感到快慰的就是子思，他长得高挑白净，眉清目秀，真是相貌堂堂，一表人才。特别是他那聪明颖悟的程度，远远超过了他的父亲。

（一五九二）孔子曾考问过他的学识，小小年纪，竟然通晓了『六艺』。人们无不将希望寄予后代。看到自己的事业后继有人，孔子怎能不由衷地喜悦和高兴呢？这是他晚年最大的精神安慰！

（一五九三）『是呀，夜深了，你们也该早些休息了！』孔子似在自言自语。孔鲤上前搀扶着孔子，子思牵着祖父的手，往回走去……

（一五九四）第二天一早，冉求便来请夫子了，他要陪夫子去拜见季康子与鲁哀公。为了这次重要会见，冉求今天特意穿了一身华丽耀眼的服装，春风得意，踌躇满志。

（一五九五）孔子已经八年不曾见过冉求了，但冉求是诸多弟子中最全才的一个，这一点夫子是放心的。孔子在卫闻听冉求对齐作战立了大功，心中自是无限欣喜。

（一五九六）但正如常言所说，近朱者赤，近墨者黑，冉求本来就有趋炎附势的毛病，于是孔子有意问冉求说：『求哇，为师离国多年，国内情况一无所知，不知应该首先拜见谁人？』

（一五九七）『自然应该首先拜见季氏。』冉求理直气壮地说。『这是为何？』孔子故作不解地问。

（一五九八）冉求说：『夫子荣归故里，全赖季家宰力主，又亲派使者携厚礼往请。季冢宰礼贤下士，天一亮即令求来请夫子过府相见……』

（一五九九）孔子说：『丘此番归国，莫非国君是反对的？』冉求说：『是季家宰先提议，国君方表示赞同。虽说夫子离鲁十四年，然鲁国依旧权在季氏，国君，傀儡而已。』

（一六〇〇）孔子很严肃地说：『尽管如此，仍须首先拜谢国君。君臣父子，各有名分，岂可颠倒！为师万不能废弃祖制，不见国君而先拜上卿！』

（一六〇一）冉求暗暗叹了一口气：数年不见，夫子竟还是如此之『迂』。夫子如此拘泥古礼，为什么就不知回头，不知总结教训呢？冉求沉默了，没有回答夫子。

（一六〇二）孔子何等聪明的人，见冉求如此长时间沉默，自然看透了他的心思，说道：『冉求哇，孔门弟子中，你是最多才多艺者，然千里马之可贵，不在其力，而在其德也！』

（一六〇三）这一句话极大地伤害了冉求的自尊心，但他并未反驳。他与子路不同，不管夫子怎样说，他总是沉默，不像子路那样经常与夫子争执、顶撞夫子，自讨没趣。既然夫子执意先拜谢国君，冉求只好赶忙驾车，共赴鲁宫。

（一六〇四）鲁哀公是比他父亲更昏庸的无能之辈，因此，当孔子先来拜谢他时，他只感到心里很高兴，大有受宠若惊之感，却什么也没有想，更谈不上对未来的宏图大志，只是礼仪性地随口问道：『请问夫子，做些什么事才能使百姓服从呢？』

（一六〇五）孔子回答说：『启奏国君，将正直之人选拔出来，放在邪曲者之上，则民服；选用邪曲之人，置于正直者之上，则民不服。』『那么，何为正直之人呢？』哀公颇感兴趣地追问。孔子解释说：『见利而思义，见危而献身，安贫而乐道，不食诺言者，是为正直之人。』

（一六〇六）『说得好，说得好哇！』哀公连连点头说，『不过，如此正直之人，何处去寻哪！』因哀公胸中无政事可询，二人不一会儿就无话可谈，孔子只好起身告辞。哀公说：『请夫子今后常进宫指教，寡人仍封夫子为大夫。』

（一六〇七）出了鲁宫，冉求又驾车来到了冢宰府，季康子早立在府门前恭候，见冉求扶孔子走下车来，忙步下台阶施礼说：『夫子远道归来，未能造府探望讨教，竟劳夫子大驾，还望恕罪！』

（一六〇八）当政的季康子这次迎孔子，尊其为国老，所以对孔子异常恭敬和亲热，言谈举止均彬彬有礼。这对一心要做一番事业的孔子来说，自然很有吸引力。孔子忙还礼说：『丘已老朽，无德无能，何劳冢宰如此敬重！』

（一六〇九）季康子笑得两眼眯成了一条线，说：『夫子乃三朝元老，国之重宝，吾理当敬若尊长！』

（一六一〇）孔子解释说：『冢宰以重礼迎丘归国，使丘结束了十四年之久的流浪生活，得以叶落归根，恩重如山，丘当献有生之余力以报知遇之恩。然丘不敢越礼，故先拜谢国君，后谢冢宰，还望冢宰恕罪！』

（一六一一）『夫子何出此言，为人臣者，理当如此！』季康子与孔子携手并肩，边走边说。他们步入了那间空旷的议事厅，这里的一切，孔子是熟悉的。目睹眼前的景物，心中难免要翻腾起许多不愉快的往事，但孔子尽力控制着心情，没有半点外露。

（一六一二）季康子与鲁哀公不同，他有许多事要请教孔子，只因孔子风尘仆仆地刚刚归来，加之偌大的年纪，不便把所有的问题一股脑端出来，只得先拣一两件重要的事请教。他问孔子：『请问孔老夫子，如何才能治理好政事呢？』

（一六一三）孔子回答说：『政者，正也。冢宰率先行正路，百姓谁敢肆行偏邪呢？』正说着，冉求来报告，说昨夜盗珠宝的人查到了，是府中的一名军卒。季康子听了冉求的回报，连想也不想一下，便不耐烦地做了一个砍头的手势。

（一六一四）这些手握权柄的人，杀死一个人真比踩死一只蚂蚁都随便。难怪冉求在相府八年，也将权柄看得如此重要，权便是一切呀！冉求丝毫没有感到季康子的决定有什么不妥之处，应了声『遵命』，便要去执行。

（一六一五）『请问冢宰，该军卒犯何弥天大罪？』孔子插言问道。『实不相瞒，』季康子苦笑着说，『近日府中常出盗贼，昨日，一军卒竟盗我传家之宝，故而杀他，以儆效尤。』

（一六一六）孔子求情说：『请冢宰看在孔丘面上，饶他一命吧。』季康子微露不悦之色，说：『杀掉无德者，亲近有德者，不正是君子之举吗？』

（一六一七）孔子说：『冢宰治理政事，何必用杀呢？冢宰自己尽做好事，百姓亦会效法。君子之德是风，小人之德是草，草随风倒，妇孺皆知，难道冢宰还会不晓得吗？』

（一六一八）孔子只顾侃侃而谈，没有注意到季康子已经怒容满面了，或者他根本就不屑一顾。他继续说：『凡事在上而不在下。倘冢宰自己不贪求财货，岂会有人行窃？』

（一六一九）季康子再也忍无可忍了，拖长了声音反问道：『是吗？』然而，面对着这位有着三千弟子的三朝元老，季康子终究是强压下了心头怒火，颇显大度地对冉求说：『既然孔老夫子求情，就饶他一命吧。死罪能免，活罪难饶，将他盗珠宝的手剁掉，逐出门去！』

（一六二〇）政治家必须善于控制自己的感情，季康子也是如此。他迅速冷静下来，满脸堆笑地问孔子：『孔老夫子力倡「仁政」「德治」，莫非是不要刑罚的吗？若盗贼蜂起，逆民暴乱，不施以刑，如何平治呢？』

（一六二一）孔子从容镇静地回答说：『丘倡导以仁化民，以德治天下，并非废除刑罚。治国当宽猛相济。政宽则百姓慢，慢则当慑以猛；政猛则百姓苦，苦则施以宽。宽以济猛，猛以济宽，宽猛相济，则政和而民服了。』

（一六二二）季康子听罢，肃然起敬，心中怒气早已烟消云散了。孔老夫子确实名不虚传，单这一席『宽猛相济』的理论就是自己闻所未闻的，以此执政治国，定会收到『政和民服』的效果。

（一六二三）心爽则话必多，季康子向孔子说了许多溢美之辞，又设宴为孔子洗尘，宴毕仍命冉求驾车送孔子回府休息。

（一六二四）孔子归鲁不久，杏坛的面貌便又焕然一新了，不仅除去了荒草，清扫了污垢，砌上了花坛，坛里还栽满了各种奇花异草。

（一六二五）来听孔子讲学的人数达到了前所未有的规模，不仅整个杏坛被围得水泄不通，连孔宅门外、墙头上，周围的树上都是听讲的人，犹如赶庙会和看山戏一般。

（一六二六）在季氏那宽大空旷的议事厅里，季康子正在闭目品茶，冉求陪坐一边。季康子颇似其祖父季平子，喜欢静静地想心事。半晌，他对冉求说：『冉将军，我欲出兵伐颛臾，你看如何？』

（一六二七）自从鲁哀公十一年冉求率部却齐之后，便一直被尊为将军，但仍做季氏家臣。冉求闻听，先是一怔，然后彬彬有礼地问道：『颛臾乃鲁之附庸，一向俯首帖耳，言听计从，为何要出兵征伐呢？』

（一六二八）季康子呷了一口茶，抿了抿厚嘴唇，将双眼睁得稍大一些说：『颛臾地处东蒙山下，邻近多山，为巨盗啸聚之所，出没无常；费邑富家，时遭盗劫，不得安枕，将谋远避。为保民众安居乐业，不得不伐颛臾，以绝盗踪。』

（一六二九）冉求为难地说：『仓廪空虚，军费不足，如何敢兴师动众呢？』季康子的脸上弥漫着阴云，说：『冉将军，您身为季府总管，难道还需我给你想办法吗？你就不会改丘赋为田赋，以充仓廪吗？』季康子又将改革的精神叙说了一遍，让冉求去具体实施。

（一六三〇）季康子像他的父亲、祖父一样，只要拖长腔调说话，便是在责备，在下命令，便是毋庸置疑，无商量的余地。

（一六三一）冉求为季氏两代家臣，这点常识还会不知道吗？于是唯唯应命，开始做讨伐颛臾的筹备工作。第一步自然是解决『仓廪空虚、军费不足』的问题。

（一六三二）冉求不愧是孔门弟子中最多才多艺之人，经过一段时间煞费苦心的思索，拟订出一份改丘赋为田赋的计划交季康子审批。季康子阅后大加赞赏。

（一六三三）鲁国一直实行的是丘赋之法，改成田赋之后，其实质就是农民将增加一倍的负担，季氏将增加一倍的收入。

（一六三四）听了季康子的赞誉，冉求沾沾自喜，因为自己又为季氏立了一功。但令冉求难堪的是，季康子命他将伐颛臾和改田赋的事一并去与孔子商议，因为孔子是国老，有了他的支持，实行起来就会容易得多。

（一六三五）冉求来到杏坛，拜见了夫子，说明了来意。孔子说：『求哇，此乃你之过失！当初先王封颛臾于东蒙山下，使主旅祭，且在鲁疆之内，乃社稷之臣，何用征伐呢？』冉求颇为委屈地说：『此乃季氏一人的主意，求并未与谋。』

（一六三六）孔子叹息说：『鲁之邦域已被三家瓜分，季孙氏取其二，孟孙氏与叔孙氏各取其一，只颛臾为附庸，尚算公臣，季氏又欲霸为己有，不嫌过分吗？』

（一六三七）『求哇，你乃季氏两代家臣，被倚作心腹，你又有大功于季氏，安有不与谋之理？人臣在位，应尽力陈辞进谏；谏而不听，应去其位。譬如盲人遇到危险将要跌倒却不去搀扶，要引路者何用呢？又如虎逃出栏外，珠玉坏于匣中，岂不是看管人的过失吗？』

（一六三八）冉求说：『颛臾城固，且近季氏费邑，如今不取，必为子孙后患！』孔子沉思片刻说：『求已不打自招矣！伐颛臾原为私室，怎说你未与谋呢？』

（一六三九）冉求低垂了头。孔子继续说：『丘闻有国有家者，不患寡而患不均；不患贫而患不安。因为财富均则不会贫乏，和平团结则不会民少，境内平安则不会灭亡。』

（一六四〇）『远方之人不服，宜修文德，远人自来。如今你相季氏，远人不服，不能招来；疆域分崩离析，不能保全，却谋动干戈。吾恐季氏之患不在颛臾，而在萧墙之内矣！』

（一六四一）冉求谈到田赋问题，孔子说：『丘非理财家，不懂田赋。』冉求说：『夫子前为鲁司空，别五土之性，使全国无荒废之田地，如何说不是理财家呢？如今身为国老，国家政事待夫子一言而定，何故不发一言呢？』

（一六四二）冉求恳求再三，孔子只是不答，弄得冉求留也不是，走也不好，十分尴尬，只得恭立一旁，动也不动。孔子徐徐地说道：『君子施行政事，须合礼法，然后颁行。苟有施与必求厚，行事无偏倚，取赋但求薄，鲁国旧有丘赋之法足矣。』

（一六四三）『季氏欲行合法的政令，周公之典法尚存，何必问丘？若欲逞私意妄行加赋，又何必来访问我呢？求哇，你专为季氏聚敛私财，如今公室田地，半数已归季氏，欲壑难填，何时是个尽头呢？』

（一六四四）孔子讲的一番话，在道理上也许是对的，但实际上却是行不通的。冉求回到季康子身边，自然不能将夫子的意见和盘托出，只能在其间委婉地周旋，以维护夫子的情面，维持夫子与季康子之间的关系。难哪，冉求！

（一六四五）在一个风和日丽的早晨，孔子出城访问一位老友，磋商编纂『六艺』过程中所遇到的诸多问题。公良孺驾车，后边还跟着颜回、子夏、商瞿等弟子。

（一六四六）已是清明时节，城外本该是千山苍黛，万木葱茏，百花争妍，原野里的越冬小麦亦该郁郁葱葱了。然而，车子来到一座村庄，却只见残垣断壁，整个村庄和人们的面容仿佛都罩上了一层灰蒙蒙的雾，颜色黯淡。

（一六四七）突然，村里的主事边敲铜锣边高声喊着从村头走来：『众位乡亲听着，宰府总管冉将军有令，从今往后，改丘赋为田赋。今年每家须再交粮五斗，钱三百，两丁抽一，攻打颛臾。违令者严惩不贷！』

（一六四八）村里的破庙前张贴着一张浆迹未干的告示，一群衣衫褴褛的老少正在围观，一个青年和几个面如土色的老汉正愁眉苦脸地蹲在地上叹气。

（一六四九）『正是青黄不接之时，何处去凑这五斗谷子呀？』一位老者长吁短叹。『倘若咱村再抽丁，往后有谁下地干活呀？』一个中年人说。

（一六五〇）看到这场景，目睹这诸多面孔，听了这许多议论，孔子的心情很沉重，芒刺在背。这些可怜的、衣食不得温饱的农民似乎都在注视着他，在责备他的过失，他不敢抬头看这些憔悴的脸。

（一六五一）这样的心境是无法访友，更无法探讨知识和学问的，于是，他命驾车的公良孺掉转车头，返回府去。同行的弟子有的理解夫子的心境，有的则感到惊诧。

（一六五二）马车在坎坷的、弥漫着烟尘的土路上颠簸前进，孔子在车上正襟危坐，目不斜视，他的面前浮现出车轮碾过的各种各样的路……

（一六五三）待孔子师徒回到杏坛，冉求已在那里恭候多时了。冉求见孔子走下车来，忙上前施礼，孔子摆手制止，但冉求还是大礼参拜了。

（一六五四）他发现夫子脸上阴云密布，这是极为少见的，不知发生了什么不幸的事，心中十分不安。孔子冷冷地说：『冉求，你好久不曾来杏坛听讲了。』冉求恭敬地说：『政务太忙，实在是不得脱身！』

（一六五五）『定然很忙。』孔子带着极少有的挖苦口吻说，『你不忙，季氏何以能钱财日增，仓满廪盈呢？』冉求小心地说：『弟子不明白夫子的意思。』孔子的脸色陡然一变：『君子之过，犹如日月之蚀，人皆得而见之；他若改正了，人皆仰望之。』

（一六五六）『夫子，为人家臣，求实在是出于无奈呀！』冉求摊开两手，做出无可奈何的样子。

（一六五七）『夫子……』众弟子上前劝慰着。『冉求不再是孔丘的弟子！丘之弟子须助善为贤，不得助纣为虐！小子可鸣鼓而攻之！』

（一六五八）冉求的泪水在眼圈里打转，使劲地低垂着头。同学们默默地望着愤怒的夫子，望着痛苦的冉求，又相互看着，谁也说不出一句话。整个杏坛死一般沉寂。

（一六五九）孔子猛然转过身来，心情沉重地说：『从今往后，丘决定不问政事，更不出仕，专心讲学，删《诗》，正《乐》，赞《易》，定《礼》。冉求可将此意转告季氏，今后不准再来烦扰……』

（一六六〇）孔子独自回到书房，他的眼眶里也转动着晶莹的泪花……孔子从教凡四十余年，弟子三千，精通『六艺』者七十二人。他从未向弟子们出过恶言，今天是第一次，也是最后一次，他的心中比冉求更痛苦。

（一六六一）同学们劝慰了冉求一番，冉求没有说话，默默地回到季氏府，回到自己的卧室，失声痛哭起来。他使劲用衣袖堵住自己的嘴，不让哭声传出屋外。

（一六六二）冉求为何要如此悲伤呢？是委屈？是忏悔？还是在痛恨夫子呢？大约都有一点。然而等冉求事后静下心来想想，从道理上讲，夫子是正确的。他更感戴夫子的教诲、培育之恩，自己能有今日，全赖夫子的栽培。

（一六六三）因此，虽然有了这场风波，冉求在心灵深处却依旧尊敬和热爱夫子，只是怕惹夫子生气，才不得不暂时回避。他照旧抓紧时间去听夫子讲学，只是不到自己原来的座位上，而是微服站在门外或者墙外。

（一六六四）他依旧每天向夫子请安，问安，只是不到夫子面前，而是在默默地祈祷，祝夫子健康长寿。这一切，孔子自然不会知道。

（一六六五）事过之后，孔子很后悔，很痛心。他意识到：自己对冉求的要求太苛刻了，委屈了他。季氏世代贪婪成性，岂是冉求的好心劝谏所能改变的！

（一六六六）十四年前，自己为什么要离开祖国出走呢？鲁国君相都迷恋女色，不理朝政，自己曾详陈事理，正言劝谏过，也曾委婉讽谏过，最后弃官出走，结果怎么样呢？鲁定公与季桓子接受了一点，悔改了一分吗？

（一六六七）自此以后，恓恓惶惶十四年，见过多少君侯卿相，有哪一个善于纳谏，从善如流呢？连自己也做不到的事，为什么要强求冉求做到呢？这是多么不公平与不合理呀！想到这里，孔子深感内疚与不安，抱怨自己真是老糊涂了。

（一六六八）自从与冉求发生了那场风波之后，孔子便完全打消了出仕从政的念头，对自己的政治理想也看淡了许多。孔子向来是说话算数的，他开始专心致志地从事教育和编修『六艺』的准备工作。

（一六六九）有人曾不解地问：『夫子为何不从政呢？』他坦然地回答说：『只要能产生政治影响，便为政治，难道非要出仕为官才算从政吗？』原来，孔子将办教育、培养『齐家、治国、平天下』的优秀人才和编修『六艺』也看作政治。

（一六七〇）仲春的一个夜晚，下着淅淅沥沥的春雨。孔子送走了最后一个学生，在雨夜中踱步，任雨水打湿衣服，有时竟仰面向上，享受着细雨的亲吻与抚摸，心中备感凉爽和惬意。

（一六七一）春夜是宁静的，又下着蒙蒙细雨，更显得静谧，然而孔子的心却并不平静，像大海一样在翻腾。他重新咀嚼着在奔波途中遇见的那些和自己主张不同的人说的话，似乎觉得有些温暖，有些甘甜。十四年来在各国的宫廷里，自己仿佛扮演了一个令人嘲笑的角色。

（一六七二）是自己的政治主张错了吗？是自己的方向选错了吗？不，全然不是！人类历史犹如一个巨轮，就需要有人用力去推，自己正是这样的用力者，只是势单力孤，所以推不动它。看来个人是无法实现这个政治理想了，因为推动这个巨轮，每前进一步，都要付出巨大的代价和漫长的时光。

（一六七三）要实现政治理想，只有通过办教育培养更多的推动巨轮前进的人。虽说自己身体尚健，精力尚好，但毕竟是六十九岁的人了，犹如瓦上的薄霜，留在这个世上的时间不会太长了，因此必须抓紧！

（一六七四）那么，一代一代的后人靠什么来武装自己呢？自然是靠『六艺』。但四十余年的教育实践让孔子认识到《诗》《书》《礼》《乐》《易》并非完美无缺，尚有许多残缺弊病，需要修订和整理，自己在研习中也积累了若干经验，可以充实补充进去。

（一六七五）至于历史教学的内容，只有《鲁史记》与《周史记》等一堆史料，这堆史料芜杂不堪，真伪混杂，需要编写一部《春秋》。

（一六七六）早在三十一年前自齐返鲁后，因鲁国政局混乱，『陪臣执国命』，孔子不肯出仕为官，就已经开始着手准备修《诗》《书》，订《礼》《乐》了。

（一六七七）三十多年来，即使是在『惶惶如若丧家之犬』的最艰难时刻，孔子也从未放弃过修订『六艺』的念头，从未停止过搜集资料的工作。

（一六七八）眼下准备工作业已就绪，经验也算成熟，特别是自己将不久于人世，必须立即动手，夜以继日地奋斗。否则，后人将无法将自己的『道』传下去，自己的政治理想也就永远没有实现的指望了。

（一六七九） 不知过了多久，起风了，雨也渐渐地停了，本来并不浓密的云被风吹得四散开去，月亮探出头来窥视着这位古稀老人，用青白的光将他的心照得明亮……

（一六八〇） 第二天晚上，孔子将颜回、子夏、子游、曾参和商瞿等几个擅长文学的弟子留下，让他们围坐在自己的身边。孔子首先向弟子们讲明了自己要立即着手修订『六艺』的打算与迫切感，然后阐明了修订『六艺』的指导思想。

（一六八一）孔子说，修订『六艺』的主要目的是借文献典籍来传道施教，因而要把以『仁』为核心，以『礼』为形式，以『中庸』为方法论的精神体现在文献中。不语『怪、力、乱、神』。要想把国家治理好，不能靠天命鬼神，要按『大道』（规律）办事。

（一六八二）要『述而不作』，述先王之旧，尽量保留原有文献的内容与风格。既要集群贤之大成，又要有自己的见地，发展古代圣贤的观点，微言大义，寓作于述，或以述为作。

（一六八三）当谈到『六艺』的作用时，孔子说：『我的政治主张行不通了，我拿什么给后人看呢？《诗》有助于振奋精神，《礼》有助于立身处世，《乐》有助于完美情操。《诗》能令人鼓舞，给人借鉴。近者，可以其中之道奉父母；远者，可以其中之道侍君王。』

（一六八四）孔子大发感叹：『知我者，其惟《春秋》乎？罪我者，其惟《春秋》乎？』（那些理解我的苦心的人，大概只有《春秋》了吧？那些指责我的人，大概也只有《春秋》了吧？）

（一六八五）年近七十的夫子还如此雄心勃勃，精神矍铄，要抓紧有生之年，在中华民族的文明史上作出前无古人的贡献。弟子们无不为之感动，纷纷表示，愿为实现夫子的伟业奉献一切。

（一六八六）从此以后，孔子安排一班高足如颜回等，按照自己编好的教材去教授新收的学生，自己只给高年级学生讲学。高年级学生以自学和讨论为主，夫子只负责启迪、点拨和答疑。

（一六八七）孔子还让部分弟子参与编修『六艺』的工作，如子夏对《诗》有研究，商瞿对《易》有功底等，他们至少可以帮助夫子查阅和整理资料。有许多观点，孔子还常主动与弟子们一起讨论研究。

（一六八八）编修『六艺』要做许多艰苦细致的工作，需要大量的时间，但造物主留给孔子的时间已经不多了，于是他只好废寝忘食，夜以继日地工作，以此来争取时间。

（一六八九）为了帮助夫子编修『六艺』，离阙里很近的颜回也搬到学校里住了。一天夜里，颜回腹泻，一夜起来了很多次，每次都见夫子的书房里亮着灯。

（一六九〇）他心痛地向夫子的书房走去，想规劝夫子几句，也想建议夫子，那些弟子力所能及的事，尽管放心地交给弟子去做。

（一六九一）他轻轻地推开门，夫子并未发觉。只见夫子埋在书山简海之中孜孜不倦地翻阅古籍，从他的神情和目光看，仿佛刚刚坐下，根本不像已经工作了一夜的样子。

（一六九二）夫子的面前是一盏如豆的菜油灯，跳动着昏黄的光。他的身旁是一盆不算清的冷水，擦脸的葛巾是湿的。看到这面盆和葛巾，颜回心中明白了一切。

（一六九三）夫子的神情是那样专注，一会儿翻阅，一会儿圈点。颜回静静地伫立着，目不转睛地盯着夫子的每一个细微的动作，他忘记了自己来这里的目的，不忍心打扰夫子。

（一六九四）不知过了多久，天已亮了，颜回上前吹熄了灯盏，惊动了夫子。孔子这才站起身来，伸了个懒腰，打了个哈欠，随口问道：『回呀，一早前来，想必是有什么重要的事吧？』

（一六九五）颜回说明了自己的来意及不忍心打扰的原因，孔子听后哈哈大笑。孔子上前打开窗户，灿烂的朝阳照进这间堆满书籍的屋子，师徒俩笑得更爽朗了，他们以朗朗的笑声迎接这新的一天的到来。

（一六九六）颜回是孔子最得意的弟子，自然是这间书房的常客。但颜回今日所见，与以往大不相同，这里的许多藏书是他过去从未见过的。他借着临窗的旭日，浏览着一摞摞、一排排书简。

（一六九七）有《九丘》，这是关于九州土地、风气的书；有晋、楚等国的史书；有记物的《诗》，有记岁的《时》，有谈民之利害的《行》，有卜吉凶的《卜》，有记先王世系的《世》。

（一六九八）有议知百官事业的《令》，有治国之善语的《语》，有记前世成败的《故志》，有记五帝的《训典》，有历代的史书，如《夏书》《商书》《周书》等。

（一六九九）有记九数之义的《数》，有记夏之四时的《夏时》，有记殷商阴阳的《坤乾》，有《图》和《法》；另外，还有记述有关天文历法、医药、农桑、工艺、民歌、神话等文献资料的各种图书……

（一七〇〇）啊！夫子竟读过这么多书简，难怪他的学识如此渊博！颜回犹如一只跳出井口的青蛙，忽见大千世界那样感慨万分。

（一七〇一）在书简的大海里，在学问的汪洋里，自己所学的、所知的、所掌握的，只不过是其中一滴小小的水滴！今后真该好好向夫子学习，在知识的汪洋大海里遨游……

（一七〇二）『人们常以「学富五车」盛赞知识渊博者，夫子之书，怕是十车也装载不了哇！……』颜回由衷地赞叹着。

（一七〇三）孔子摇摇头，说：『多则多矣，然则却仍显不足，吾正为此不能做证而苦恼呢！』颜回惊疑地说：『如此汗牛充栋之书简，难道还不足以做证吗？』

（一七〇四）颜回心想，这么多典籍仍不足以做证，可见编修『六艺』是多么艰难的事业，多么浩大的工程啊！除了夫子，世上断然再无人能胜任！

（一七〇五）夜深了，孔子仍与子夏盘膝对几而坐，几上堆满了《诗》的各种抄本，都是孔子几十年心血的结晶。

（一七〇六）《诗》原是人们的口头创作，有了文字以后才把它记录下来，有的还配以音乐，伴以舞蹈。到了西周，天子为了自己精神上的享乐，组织了专门的乐队演唱。

（一七〇七）为了不断地充实、更新乐队的演唱内容，太师必须经常征集、编写和整理一些新歌辞。时间长了，好的歌辞被充实进去，保存下来，不好的被淘汰，久而成册，这便是《诗》。

（一七〇八）但是，由于当时各国的口语不同，在相互传授与转抄中，难免会有许多错讹，甚至有些抄本零落不全，一些有句而不成章，一些有章而不成篇。

（一七〇九）孔子很重视《诗》的文学价值以及它在人的品德修养和社会交际等方面所起的重大作用，因而一生都在搜集《诗》的各种抄本，从未间断。

（一七一〇）特别是在漂泊的十四年中，孔子的足迹几乎遍及中原各诸侯国，为搜集《诗》提供了良好的条件，因而到坐下编修『六艺』时，他手中已经掌握了各种抄本的诗篇三千余首。

（一七一一）这些诗如不修订，既不利于教学，又影响古代文献的正确继承，因此，必须下一番功夫进行整理。

（一七一二）孔子与子夏经过几次研讨，修订《诗》要做的工作已基本确定：合并重复的篇章，零落不全而又有重要价值的，要参照其他抄本将其完善，不成章的令其成章，不成篇的令其成篇。

（一七一三）在反复磋商上述问题时，子夏与夫子的见解是一致的，只是在入选的篇目上略有异议，碍于师生情面，他一直未能启齿。

（一七一四）然而，今夜已是最后一次讨论了，若不将自己的见解讲出来，万一自己的见解是正确的而未被采纳，恐有碍夫子的声誉，并将贻误后人。想到这里，子夏涨红了脸，说：『弟子有一浅见，不知是否当讲？』

（一七一五）孔子微笑着说：『有话则讲，师生之间，何必拘束。丘欲多听尔等之见，方请来共商，否则，虽来何益？』子夏说：『商尝听夫子说「郑声淫」。既淫，留之何益？宜将《郑风》删去。』

（一七一六）孔子摇摇头说：『商啊，「郑诗」非「郑声」也，「郑声淫」是就其乐曲而言，待整理音乐时，须花大气力，或删汰，或重写，令其脱胎换骨！《郑风》却并非淫奔之作，为何要删？若删，则后人将何以知郑？』

（一七一七）子夏羞红了脸，说：『是弟子孤陋寡闻，误将「诗」与「声」混为一谈。』孔子宽慰子夏说：『此二者极易混淆，不足为怪。』子夏再次涨红了脸，说：『《诗》中的爱情之作，似显太多，是否应酌情删减？』

（一七一八）听了子夏的话，孔子哈哈大笑，竟然笑出眼泪来。子夏不知夫子为何发笑，手足无措，使劲地低垂着头，脸涨得更红了。

（一七一九）半天孔子才止住笑，摆摆手说：『多乎哉？不多也！吾道之核心乃仁也，仁者爱人。爱众而亲仁，禽兽尚且有爱，何况是人呢？男女青年理当尽享纯真之爱！倘无男女之情爱，人类将何以繁衍？』

（一七二〇）孔子顺手拿过一扎书简，打开来，指着一首诗对子夏说：『商啊，你看这首《关雎》：关关雎鸠，在河之洲。窈窕淑女，君子好逑。……求之不得，寤寐思服。』

（一七二一）『一个青年倾情于一个美丽的少女，相思难眠，「辗转反侧」，终成眷属。此诗由名家师挚谱曲，乐调井然，圆满充实，闻后令人心旷神怡。』

（一七二二）『其内容乐而不淫，哀而不伤。吾欲将其置于《诗》之首。商啊，如此感情真挚热烈，毫不忸怩，为何要删呢？丘尚嫌不足矣！……』

（一七二三）为了节省时间，自着手编订『六艺』以来，孔子不再与家里的人一道进餐，而是由孔鲤父子或弟子们将饭送到他的书房里来。

（一七二四）因孔子天天工作到深夜，并常常通宵达旦，孔鲤每天戌时还为父亲多加一餐。如今的孔子，吃饭已经不再像从前那样考究了。

（一七二五）他常常是一边工作一边狼吞虎咽，一餐饭毕，竟不知吃的是什么，完全忘记了滋味。有时孔鲤将饭送来，孔子示意让他放到一边，可是等孔鲤再将下顿饭端来时，上顿饭却仍放在那儿原样未动。

（一七二六）每当这种时候，孔子是不允许他人插言打扰的，所以，孔鲤只好默默地端来，又默默地端走。孔子常常是一日三餐水米不进，弄得孔鲤夫妻左右为难，弟子们也十分担忧。

（一七二七）公元前四八三年，孔鲤突然去世。此时孔子六十九岁，已是风烛残年了，独生子孔鲤是他生活上的依赖，精神上的慰藉，不料竟又暴病身亡。

（一七二八）孔子奋斗一生，目的全在济世救人，治国平天下，实现『仁政德治』的政治理想。然而，他生不逢时，命运坎坷，三岁丧父，十七岁丧母，六十七岁丧妻，六十九岁又丧子，白发人送黑发人对晚年的孔子无疑是一个致命的打击。

（一七二九）他想哭，但没有泪水；他想喊，但没有声音……自此以后，他的须发变得更白了，腰弯得更厉害了，不知何时，手中拄起了拐杖——孔子衰老了许多。

（一七三〇）孔子的弟子们都来帮忙，孔鲤的丧事办得很顺利。在安葬好孔鲤的当天夜里，从孔子的书房里传出了阵阵琴声，这琴声时而激越，时而欢快，时而清新，时而悠扬，却没有悲伤、哀怨、抑郁和沉闷。

（一七三一）听到这琴声，亲朋好友与众弟子无不感到惊诧。有人担心，是孔子因刺激太甚而发疯了吗？不然的话，儿子尸骨未寒，为何竟会弹奏出这样的琴声呢？

（一七三二）大家不约而同地来到了这间堆满书简的房间，只见孔子面前放着一堆书简，他一会儿聚神凝思，一会儿操琴，一会儿哼着曲调奋笔疾书，整个身心完全沉浸在诗歌的海洋里。原来《诗》的编修工作已经结束，孔子正在给《诗》谱写乐曲。

（一七三三）众人纷纷围上前来，劝夫子休息，不要过于劳累。谈到孔鲤的死时，孔子说：『死生有命，丘岂能阻拦？丘须抓紧弥留之有限时光，编修成「六艺」。若能如愿，则死而无憾！』

（一七三四）就这样，孔子以满腔的热忱，孜孜不倦地工作，为《诗》中的三百零五首诗都谱上了乐曲。

（一七三五）公元前四八二年，孔子七十岁。因为事先有了充分的准备和众弟子的帮助，所以编修『六艺』犹如『十月怀胎，一朝分娩』一样，在不到两年的时间内，孔子就编修成了《诗》《书》《礼》《乐》，现在又着手编修《易》了。

（一七三六）孔子儿时跟母亲颜征在学过八卦，后来又跟着外祖父颜襄学过《易》，再后来，断断续续，一生都在学《易》。他总觉得《易》的道理太玄妙，内容太艰深，思想太驳杂，语言太晦涩。

（一七三七）自己从教凡四十余年，《易》是基本教材之一，需要根据自己的教学实践、经验教训和切身体验，对《易》进行加工整理、诠释，以便正确地传于后世。

（一七三八）在七十二贤弟子中，商瞿是对《易》最有研究的一个。商瞿是鲁国人，字子木，学识渊博，师从孔子专门学《易》。孔子的教育原则之一是『因材施教』，自然就拿《易》理来教他，因而商瞿对《易》理研究得很深。

（一七三九）如今孔子要搞清楚《易》理，自然就令商瞿帮忙。一天凌晨，商瞿来到夫子的书房，见夫子正伏几枕臂而眠，几上摊放着一部《易》简，《易》简旁的菜油灯闪着荧荧的黄光。

（一七四〇）商瞿怕惊动了夫子，蹑手蹑脚地走到几前，小心翼翼地坐下，开始翻阅那部《易》简。过了半个时辰，孔子被商瞿翻书简的声音惊醒，见商瞿这么早就来了，孔子心中感到无限欣慰！

（一七四一）商瞿见夫子醒来，忙将葛巾放于脸盆中洗了一遍，递给夫子，让他擦擦脸，无限心疼而感慨地说：『夫子又是一夜未眠？』

（一七四二）商瞿接着说：『夫子应注意休息，多加保重啊！』孔子摇摇头，叹息着说：『年岁不饶人哪。』

（一七四三）在《易》编修完毕的当天夜里，孔子师生欢聚一堂，热闹地庆贺了一番，直到深夜才散。

（一七四四）鲁国是周公的封地，鲁都曲阜藏有大量的古代典籍文献，这就为孔子修《春秋》创造了条件。第二天一早，孔子便带领学生到鲁守藏室去查阅资料，为修《春秋》作准备。

（一七四五）编修一部前所未有的编年体史书《春秋》，这是一个浩大的工程，需要付出大量的心血与艰辛劳动。孔子深知，『《春秋》，天子之事也』。

（一七四六）孔子认为，通过《春秋》可以寄寓自己的政治理想和主张，留给后世明君效法；还可以用《春秋》教授弟子，一代接一代地传下去，培养合乎自己理想的从政人才，继续完成自己未竟的事业。

（一七四七）时值秋冬之交，天气变寒，食物不易变质。为了节省时间，孔子师徒将大量的干粮、咸菜、姜丝带到守藏室，吃在那里，睡在那里，夜以继日地工作。

（一七四八）冬天到了，数九寒天，滴水成冰，孔子昼夜不停地奋笔疾书，他不仅工作在几案上，而且吃在几案上，『曲肱而枕』地睡在几案上。

（一七四九）子夏、子张、子游等几个擅长文学的弟子见夫子如此呕心沥血，都担心他的身体，三番五次地欲来帮忙，都被夫子拒绝了。

（一七五〇）孔子编修的《春秋》，弟子们不仅不能像其他『五艺』那样可以修改或加入意见，甚至连一个字都不能动。因为在孔子看来：『知我者，其惟《春秋》乎？罪我者，其惟《春秋》乎？』

（一七五一）孔子曾说自己『发愤忘食，乐而忘忧，不知老之将至云尔』。这是他晚年生活的真实写照，是准确的自我鉴定，绝非夸大其辞。

（一七五二）孔子还将在曲阜的众弟子召集起来，对他们说：『吾立志编修的几种书业已完成，《春秋》一书，自平王东迁记起，直至今日，二百余年的大事可谓列举无遗。我著述已毕，以此罢笔，今后的记述之责便落于尔等肩上了。』

（一七五三）子贡说：『夫子之道，宏大至极，故世莫能行。纵然今日不见用于时，却可传至万古而不灭，一遇有道之明君，自能大行矣。如今各书著述已成，皆寄托夫子之道，故夫子之道犹如日月，必万古常存，与天地同寿……』

（一七五四）孔子将他的所有著作交给众弟子，命他们分头传抄，然后各藏一部。这是孔子赠予弟子们最珍贵的礼物，也是孔子留给后世最宝贵的财富。

（一七五五）孔子著述完成之后，生活清闲了许多。然而，操劳惯了的人，清闲倒比繁忙更受罪：寂寞、无聊、空虚，给人以精神上的苦恼与折磨。

（一七五六）弟子们理解夫子的心情，因而除了远居异地的以外，就近的如子贡、颜回、商瞿、子夏、曾参、叔仲会等，每日必来陪伴夫子，盘桓着不肯离去。

（一七五七）遇到晴和天气，弟子们便三五成群地陪夫子到郊外散心，或漫步沂水岸，或涉足泗水边，或搀扶夫子登台，像当年那样抚琴、唱歌……

（一七五八）深秋的一个上午，南宫敬叔等几个弟子陪夫子游防山，凭吊夫子父母的陵墓。梨叶变黄，柿叶变红，茅草枯萎，北雁南飞，一群群乌鸦聚在树冠上，更增添了几分凄清肃杀的意境。

（一七五九）在回去的路上，孔子师徒一行见一猎人张弓搭箭，朝满树乌鸦射去，中箭的一只应弦声落地，其余的则呱呱飞起，在低空盘旋。

（一七六〇）猎人走上前去，提起死鸦便走。可是，他哪里能走得清闲，成群结队的乌鸦紧紧地跟随着他，在他前后左右聒噪，拦住了他的去路，有的还在偷啄他的肩头。

（一七六一）那乌鸦愈集愈多，黑压压的，遮住了半边天。猎人见难以走脱，只好将死鸦丢弃，仓皇离去。

（一七六二）乌鸦纷纷落地，将死去的同伴围在中间，有的漫步，有的跳跃，但都在低声叫着，像在悲哀地哭泣。

（一七六三）一位年老的农夫，头戴苇笠，肩背粪筐走来，见此情形，忙上前挖了一个深坑，将死鸦埋葬。那成群的乌鸦，像了却一桩心事似的，三五成群地飞走了，转瞬便消逝得无影无踪。

（一七六四）孔子师徒伫立凝视，无不感叹。孔子说：『乌鸦乃禽类之最仁慈者，犹如人类之君子。』

（一七六五）曾参说：『鸦有反哺之心，可谓孝矣！』孔子说：『是呀，孝且仁，一鸦遇难，群鸦哀伤。如今之当政者，东讨西伐，涂炭生灵，加害同类，竟不知羞愧，岂不是连乌鸦也不如吗？』

（一七六六）见到慈乌伤类，孔子忽然想起了冉伯牛。冉伯牛自拜师入门以来，一直好学不倦，时时事事都以仁恕为准则，严格要求自己。他对人宽，对己严，对上敬，对下爱，对同辈贤，在孔门弟子中，他的德行仅次于颜回。

（一七六七）不幸的是他患了麻风病，病情日益加重，早已闭门在家，不与外人接触，因而孔子许久不曾见着伯牛的面，心里很是惦念。今日出游，正该顺路去探望一番。

（一七六八）冉伯牛患病已经很久了，孔子却从未因冉伯牛患有恶疾而嫌弃他，并常在弟子中称道他的德行，将他与颜回相提并论。自卫返鲁不久，孔子就去探望过冉伯牛。

（一七六九）随行的弟子听说夫子欲去探望伯牛，不禁大吃一惊。司马牛突然冒出一句：『伯牛兄患的是麻风病，夫子你……』

（一七七〇）孔子喟然长叹，说：『丘早知伯牛所患乃不治之症，恐难久留于世，今日至此，岂有不去之理！』

（一七七一）孔子说完拔腿便走。还有什么可说的呢？弟子们只好紧紧跟上，伴随夫子前行。

（一七七二）孤零零的茅草房，四周长满了荒草，恰似莽莽草海中的一叶孤舟。

（一七七三）孔子师徒顺着草径来到茅屋前，只见柴扉紧闭，草舍无烟。南宫敬叔上前叩着柴扉喊道：『伯牛弟，快开门，夫子看你来了！』

（一七七四）屋内似乎有了一点动静，却无人出来开门。孔子走上前去，一反彬彬有礼的常态，紧叩柴扉说：『伯牛哇，为师来迟了……』

（一七七五）孔子心似油煎，他不顾一切地拍打着窗棂，高声喊着：『伯牛哇，快快开门，让为师看你一眼，也不枉咱们师徒一场啊！』

（一七七六）孔子那高大的身躯在随着柴扉摇晃，子贡、司马牛、曾参等忙上前扶住，齐声说：『天色已晚，暴雨将至，夫子年事已高，怎经得住秋雨浇淋呢？咱们还是快些回去吧！』

（一七七七）他们搀扶着孔子往回走，孔子不断回头，老泪横流地控诉着：『天哪，一个品行端正、道德高尚的君子，竟患如此恶疾，这难道是公平的吗？这难道是公平的吗？』

（一七七八）突然，身后传来了一声撕肝裂胆般的哭叫：『老师——』孔子闻声，推开搀扶他的弟子，急转回身，见茅舍那小小的窗口伸出一双手来，那手伸向孔子，伸向这不公平的世界，伸向那乌云翻滚、电闪雷鸣的天空。

（一七七九）闪电在低空亮起，惊雷在头顶炸响，密织的雨幕迎来了阴森的黑夜，一个人的呼喊声在雨夜中回荡：『夫子——』

（一七八〇）司马牛首先辨出了这是原宪的声音，便用双手做成喇叭状，向喊声传来的方向高喊：『原宪兄，夫子在这里……』

（一七八一）原宪跌跌撞撞地奔来，借着闪电的光亮，大家看到的竟是一个『泥猴』。原宪大口大口地喘着气，结结巴巴地说：『夫……夫子，颜回他……他殁世了！』

（一七八二）『啊！』孔子师徒数人非常吃惊，空中的响雷与这惊呼声相应，顿时，雷声、闪电、呼声撕破了这无边无际的黑夜……

（一七八三）孔子被弟子们搀扶着向回奔，一脚深一脚浅，全然不顾污水、泥浆，只想快一点去到颜回的住地。

（一七八四）等孔子师徒赶到这陋巷茅舍时，颜回已是停灵在地了。颜回依旧穿着平时穿的那件破旧的衣服，身上盖着一床薄薄的、小小的破旧的被子，不能完全遮住他那高大的身躯，且四角都露出了里面的苇花。

（一七八五）见此情形，孔子师徒悲上加悲，哭作一团，尤其是孔子，他用拐杖不断地指天，涕泪交流，悲怆欲绝，不断地高呼：『哎哟！苍天哪！你是要我的命啊！苍天要我的命啊！』

（一七八六）孔子说着又扑到颜回身上放声痛哭，边哭边摇动着他的遗体说：『围于匡时，你曾对为师言道：「夫子健在，回何敢先死呢？」如今为师尚在，你为何竟自食言，离我而去呢？』

（一七八七）颜路和众弟子纷纷上前劝慰，但无济于事。子贡呜咽着问道：『弟子有一事不明，敢问夫子，夫子之独子伯鱼兄过世，赐未见夫子如此悲痛，如今颜师兄去世了，夫子也该节哀才是！』子贡的这一问还真管用，孔子渐渐止住了哭声。

（一七八八）孔子哽咽着说：『赐呀，鲤死尚有回在，孔门后继有人；如今回殁世，有谁来继承丘之道、丘之学问呢？「仁政」「德治」之理想将由谁实现呢？丘不为回哭而为谁哭呢？为师之泪不为回流而为谁流呢？』

（一七八九）颜路上前劝孔子说：『夫子如此对待回儿，九泉之下，回儿定会深感夫子知遇之恩！请夫子不必过于哀伤，偌大年纪，倘因此有个三长两短，让弟子有何面目再见世人哪！』此时，孔子的脑海里浮现出颜回的许多往事……

（一七九〇）一次，自己曾考问颜回何为明君，颜回说：『明君须有自知之明，轻徭薄赋，施行仁政。』这是多么精辟的回答。自己因穷困不得志说出泄气话的时候，颜回鼓舞自己：『夫子之道，越抬头看越觉高妙，愈用力钻研愈觉深邃。』

（一七九一）颜回曾对自己说：『回愿贫如富，贱如贵，无勇而威，与士交往，终身无患难。』有人曾问颜回为什么不出仕，他回答说：『回郭外有田可耕，种五谷聊以糊口；郭内有地可种，植桑麻赖以蔽体。』

（一七九二）他身边的竹筐里放着又冷又硬的干粮，瓜瓢里盛着结了冰渣的冷水，饿了就啃干粮，渴了就捧起瓢来喝水，过着这样艰苦的生活，他却能终日怡然自乐，脸上全无忧愁之色。

（一七九三）孔子不敢想下去了，泪水混着雨水流淌……南宫敬叔说：『颜师弟刚刚过世，身后诸事，尚无着落，请夫子节哀，料理师弟的后事要紧。』

（一七九四）谈到料理后事，颜路泪流满面地向孔子哭诉了自己的悲伤。孔子转过来安慰颜路说：『葬礼视家之有无，家贫只好从简。只要生者哀自心底而生，牢记死者之德行，则既顺人情，又合礼制，不必追求体面与排场。』

（一七九五）颜路想到夫子一向十分器重颜回，如今又过分哀恸，于是就挥泪如雨地说：『我父子同受业于夫子之门，夫子对我等恩重如山。只因弟子无能，故一生穷困，知恩未报，待来生变犬马供夫子驱驰！』

（一七九六）『颜路何出此言！』孔子责备道，『丘广收弟子，有教无类，呕心沥血凡四十余载，旨在培养治国平天下之良才，以传吾道，以达吾志，岂为求报！』

（一七九七）颜路泣不成声地说：『夫子待回，视为己出，钟爱异常。路虽身为回父，却未尽己责，害得回一生饥寒交迫，致使今日早离人世。路枉生七尺之躯，将无脸面见儿子于地下呀！』

（一七九八）『生活贫困乃时势所迫，回不幸早逝，系命中注定，非路之过也！』孔子安慰颜路说。

（一七九九）子贡走过来说：『颜路师兄不必哀伤，夫子亦不必为难，颜回师兄的丧事由赐与诸同学料理，定厚葬之！』孔子摆摆手制止说：『赐呀，同学犹如手足，回的丧事，二三子理当照料，但万不可越礼，不宜厚葬……』

（一八〇〇）颜回是孔门高第中的第一贤者，在同学中有着良好的声誉，大家无不打心里敬重喜爱他，都愿为他的后事尽力，因而子贡出面一张罗，不费吹灰之力就将丧礼办得异乎寻常的体面与排场，大大地超出了『礼』所规定的原则。

（一八〇一）孔子只是说『不可越礼，不宜厚葬』，但并未出面具体干预。兴许弟子们的举动瞒不过他的眼睛，只是出于对颜回的喜爱，所以对此睁一只眼闭一只眼，由他们去了。

（一八〇二）刚进十月，老天竟纷纷扬扬地下起大雪来。颜回出殡的这天，北风凄号，雪花飘飞，大地冰封，江河凝滞。颜回的葬礼隆重盛大，其规模即使一般贵族也望尘莫及。

（一八〇三）引幡的，焚香的，路祭的，披麻戴孝的，哭天号地的，默默致哀流泪的，送葬的人群逶迤长达十数里，许多达官贵人也加入了送殡的行列，连鲁哀公也屈尊委身亲赴陋巷草堂吊孝。

（一八〇四）鹅毛大雪覆盖了曲阜城郊的一切，只有积雪下的新土散发着清幽的香气。孔子颤抖着双手，弯腰捧起一捧新土，轻轻地撒到颜回的棺椁之上，呜咽着说：『为师别无馈赠，送你一捧新土，盖在身上，暖暖和和地睡吧……』

（一八〇五）墓旁是一片小树林，天不亮，冉求就偷偷来到了这里，伫立于风雪之中，等候与颜回告别。他多想冲出树林，冲到墓前，与夫子和同学们相见，放声大哭一场啊，但他没有这个勇气，只能躲在林中默默地流泪……

（一八〇六）孔子继续说：『回呀，你乃吾弟子中最得礼义真谛者，冥冥中你可知晓，此葬礼与你的身份相距甚远。这是你的众同门定要将你厚葬，为师不忍干预。』

（一八〇七）『回呀，你生前视丘为父，你死后丘却未能将你当子，致使你背上了违礼之名，你能原谅为师吗？回呀，你且慢行，不久为师将随你而去，伴你诵《诗》《书》，修《礼》《乐》，作《春秋》，你定然不会孤寂……』

（一八〇八）就在这个时候，也只有在这个时候，冉求才悟出了夫子之道的真谛，这便是人，人的价值、人的感情、人的一切……

（一八〇九）冉求再也抑制不住自己的感情了，他冲出树林，扑向颜回的墓穴，大放悲声：『师弟呀，你为何走得如此匆忙，如此匆忙啊！』冉求哭了一通之后，回转身来，跪倒在孔子的脚下，叩头不止，恳求夫子原谅他的过失……

（一八一〇）孔子默默地躬身将冉求扶起，老泪纵横，热泪洒在冉求的脸上，渗在冉求的心里。冉求爬起来，一头扑到孔子的怀里，师徒紧紧地拥抱，心贴在一起，脸对在一起，泪流在一起……

（一八一一）深冬的一个中午，窗外寒风凛冽，雪花飞舞，学堂里孔子正在解答几个弟子提出的问题。突然，司马牛闯了进来，没头没脑地说：『启禀夫子，卫有政变，太子蒯聩归国夺权，卫君逃到鲁国来了！……』

（一八一二）『此话当真？』孔子惊异地睁大了眼睛。『街上的人都这样说，已满城风雨了。』司马牛说。孔子长叹一声，跌倒在座上，昏厥过去。

（一八一三）弟子们吓得魂飞魄散。半个时辰后，孔子才渐渐苏醒过来，老泪横流地说：『柴将归来，由将死矣！』

（一八一四）弟子们莫名其妙，忙问原因。孔子说：『柴知大义，必能自全；由好勇轻生，不免殒身其间矣。』众弟子听了夫子的一席话，无不伤感，有的陪夫子流泪，有的百般劝慰。

（一八一五）后来，高柴果然从卫国逃了出来，眼含热泪向孔子及同学们报告了这次卫国宫廷政变和子路遇难的经过……

（一八一六）卫灵公的大女儿嫁给孔文子为妻，人称孔姬，生子名孔悝，世袭父职，嗣为丞相，事卫出公，执掌国政。

（一八一七）近年来，孔姬与蒯聩里外勾结，想夺取政权。一次，蒯聩对孔府家臣浑良夫说：『假若你能使我复国为君，我即位后必封你为大夫，朝服加身，乘马坐车，三犯死罪准特赦，绝不食言！』

（一八一八）不久，蒯聩与浑良夫秘密混进孔宅，脱去伪装，径直进内室拜见孔姬，姐弟相见，垂泪不止……

（一八一九）浑良夫说：『成则为君，败则亡命，眼下岂是垂泪抒情之时！敢问太夫人，孔丞相现在何处？』孔姬说：『国家大事，俱在吾儿掌握之中。悝现在宫中议事，待他归来，用兵威要挟，事必有成，但不得伤吾儿一根毫毛！』

（一八二〇）蒯聩唯唯称是，忙命石乞、孟厌二将埋伏兵甲，专候孔悝归来。

（一八二一）其实孔悝早知他的母亲与浑良夫私通，并欲迎蒯聩复国为君，因而密派心腹侍女暗察孔姬的行动。孔悝已得到密报后立即进宫与出公商议对策。

（一八二二）可是，孔悝万万没有料到事变竟会来得这样快，这样突然。等他深夜归来时，母亲竟在厅堂里截住他问道：『悝儿，父母两族，谁为至亲？』

（一八二三）孔悝回答说：『父则伯叔，母则舅氏，此皆直系血亲。』孔姬说：『汝既知舅氏为母至亲，为何不招吾弟复国为君呢？』

（一八二四）孔悝坦然回答：『废子立孙，此乃先君遗命。儿既位列卿相，何敢违反呢？』孔悝说完，急呼肚子疼痛难忍，忙令侍从搀扶着如厕去了。

（一八二五）原来，这厕所中设有暗道机关，孔悝欲借如厕之机逃遁。浑良夫忙使了个眼色，做了个可以逃遁的手势。蒯聩会意，即刻命石乞、孟厌到厕所内劫持孔悝，扭着孔悝的胳膊，将他架出厕所，来到正厅的高台之上。

（一八二六）孔姬说：『国家原属舅氏，只为欲雪奇耻大辱未成而被迫出奔，早为天下人所共谅。舅氏的亲生子辄，为永远窃取国柄，竟拒绝父亲归国复位，实属大逆不道！』

（一八二七）『我与舅氏乃同胞姐弟，岂能坐视不管，故迎舅氏复国。悝儿既为百官之长，一言可以定国，若能拥戴舅氏复国，堪称忠孝两全的楷模。』

（一八二八）『儿实不敢从命。』孔悝坚决地说，『孔悝受先君遗命，只知卫国有君，不知自己有舅氏。』

（一八二九）浑良夫一挥手，石乞和孟厌不声不响地离去。不一会儿，他们将一头捆绑着嘴的公猪抬了进来，扔到孔悝面前，那公猪发出沉闷的呻吟声。

（一八三〇）浑良夫拔出宝剑，对准公猪的脖子轻轻一拉，那公猪殷红的血迹就涂在他那闪着寒光的宝剑锋刃上。浑良夫把剑举到孔悝面前晃了晃说：『只要丞相答应订盟，奴才一剑下去，以此公猪之血为证，否则……』

（一八三一）卫出公待孔悝走后，醉醺醺地钻入罗帷，倒头便睡。突然，一个内侍闯入寝宫，报告有乱兵围宫。出公急命左右召孔悝。内侍说：『为乱者正是孔氏家卒，口称奉太子命来捉拿逆子。』

（一八三二）卫出公如闻晴天霹雳，醉意顿时消失得无影无踪。他自知大势已去，无力抵御，于是急命心腹内侍收拾珠宝细软，装载了满满两车，携带眷属，趁夜色开后门逃出都城，奔鲁国去了。

（一八三三）这一夜，子路出城办事没有回来。在城外料理完公务，已是午夜时分，子路正待解衣就寝，栾宁突然派人送信来。

（一八三四）子路得知蒯聩带人夜袭孔宅，劫持了孔悝，发动了蓄谋已久的父子争夺君位的流血政变，便不顾一切地命御人驾车，飞奔回城。

（一八三五）高柴出了城门，直向西奔，他要去告诉子路，城里发生了政变，须暂避一时，不要归来。

（一八三六）一阵疾驰的马蹄声和滚动的车轮声由远而近，高柴判断来者定是子路。他放慢了脚步，来到大路中央，伸出双手拦住了马车。子路一心急于赶路，没认出拦路的竟是高柴，暴怒道：『何人狗胆包天，竟敢无故拦驾！』

（一八三七）『子路兄莫非急糊涂了不成，竟连柴也认不出来了。』高柴埋怨说。子路一跃下了马车，急火火地说：『原来是子羔弟，由确是急蒙了。快说说城里情况怎么样？』高柴言简意赅地介绍了政变的经过。子路问：『卫君现在何处？』『昨夜逃出都城，听说已奔鲁国去了。』

（一八三八）『丞相情况怎样？』『已被蒯聩劫持，正在逼迫歃血订盟，岌岌可危矣！』『快随我同车回城，救丞相，挽残局！』子路说着就要上车。高柴一把拽住他说：『柴正为拦阻子路兄进城而来。』

（一八三九）『国君出逃，丞相被劫，群臣四散，守城将士虽也拔剑待战，却不知为谁而战。此时进城，无异于自投罗网，何言救丞相，挽残局！』

（一八四〇）子路愤愤地说：『夫子常教导我们，食君之禄，忠君之事。丞相一向待我等不薄，如今正处水火之中，我等岂能坐视不救！』说着，挽鞭打了一个脆响，马车直奔都城而去。

（一八四一）高柴深深地叹了一口气，双目盯着那辆远去的马车，直到马车消失在晨霭中。高柴趁旷野无人，易服潜入京郊。

（一八四二）城中内乱，日上三竿仍城门紧闭。子路来到城下，高声呼喊：『快开城门！』

（一八四三）高台上，孔姬、浑良夫与五六员猛将把孔悝团团围住，逼他订盟，旁边躺着一头流着血呻吟的公猪。

（一八四四）孔姬见子路拔剑在手，深知石乞、孟厌不是他的对手，真的厮杀起来，吉凶难卜，便开口劝道：『此系孔宅家务，请将军不必干预，以免招惹祸端。』

（一八四五）『好一个淫妇！』子路骂道，『孔大夫尸骨未寒，你就与家臣私通，如今又与逆子蒯聩狼狈为奸，欲窃取政权，有何脸面与我说话！』

（一八四六）蒯聩插言说：『子路既为俊杰，就该识时务才是。只要将军肯助我一臂之力，日后必将封为卿相。』

（一八四七）子路骂道：『好一个杀母的逆子，请下来与我决一死战，倘若由败于你的手下，便第一个拜倒称臣，奉你为君。』

（一八四八）孔姬与浑良夫早已声名狼藉，为众人所唾弃。子路一声令下，刹那间，众人抱来了一堆堆柴草，将高台围住，点起火来。

（一八四九）蒯聩与孔姬见就要葬身火海，狗急跳墙，命孟厌等三名武士手持长矛、画戟、大刀跳下台来与子路厮斗。

（一八五〇）子路力战三敌，左突右挡，勇力不减当年，战了三十多个回合，一直占上风。

（一八五一）可是，猛虎难抵群狼。子路毕竟是年过花甲的人了，又以宝剑敌对方的长兵器，很不得力，因此，渐渐地力不能支，招式紊乱，最后竟只有招架之功，没有还手之力了。

（一八五二）突然，台上的孔悝断喝一声：『子路当心身后！』子路只听『噌』的一声，孟厌的大刀自上而下劈来，子路急忙蹲下身去，但已避之不及，帽子跌落在地，左臂断裂，血流如注。

（一八五三）子路弹身而起，伸手制止住了敌方同时杀来的三件明晃晃的兵器：『慢！孔夫子教导说，君子死不免冠，待由将冠戴好再杀不迟！』

（一八五四）子路整好衣冠，此时的他像往日上朝会见国君一般，庄严肃穆，神情郑重。衣冠整束完毕，他出人意料地挥剑自刎了……

（一八五五）高柴与子路分别后，一直潜伏于城郊，直至获知子路身亡的消息，才奔往曲阜，把所知情况告诉夫子。高柴叙完，弟子们纷纷劝慰孔子说：『夫子切莫伤心，保重身体要紧！』

（一八五六）『丘不伤心，丘何曾伤心！』过度的哀伤已经使孔子没有了泪水，失去了一切表情和表达感情的语言。半天，孔子才喃喃自语：『君子杀身以成仁。由死不免冠，丘不悲伤，丘何以要悲伤呢？』

（一八五七）孔子眼含热泪，命弟子在颜回的墓旁掘了一座新的墓穴，择吉日安葬。孔子在弟子的搀扶下，磕磕绊绊地来到墓地，捶胸顿足，泪流不止地说：『丘尝恐由不得好死，今果然也！』说着一头栽倒在墓穴旁。

（一八五八）从子路的墓地回来，孔子病倒了。整个冬天一直卧床不起，弟子们轮流照看，请医熬药，喂水喂饭。有时孔子精神稍好一些，弟子们就陪他说说话，聊聊天，回忆往事，展望未来。虽说在病痛的残酷折磨下度日如年，孔子倒也不知不觉地度过了两三个月。

（一八五九）新年过后，天气渐渐变暖，孔子的病也渐渐好起来了，能拄着拐杖到庭院里走走了。弟子们陪夫子来到杏坛，他像来到了一个新奇陌生的地方，让弟子搀扶他登上讲坛，在自己每天讲课的几案后的蒲团上正襟危坐。

（一八六〇）孔子又来到银杏树林，抚摸着一棵棵树干，仰望着一簇簇树冠，还伸臂量量那棵最早的银杏树的树围，不时自语着：『春天来了，银杏树就要枝叶繁茂、开花结果了，何等美好的春天哪！』

（一八六一）孔子感到累了，走出银杏树林，坐在坛前的石阶上歇息。他仰望空中，蓝天，白云，哪怕是一只飞鸟，都能引起他勃勃的兴致……

（一八六二）早晨，他早早起来，伏到窗棂上，眺望东方的云霞，迎接红日的升腾。

（一八六三）傍晚，他扶杖依栏，目送夕阳西沉。

（一八六四）一天，孔子突然下令让弟子全都离去，只留下子贡一人守候在他身边。弟子们只好从命，但实际上谁也没有离去，只是在孔子的卧室外徘徊。

（一八六五）孔子是有什么机密的事要办吗，还是他要给子贡面授机宜呢？弟子们没有这样怀疑的，他们绝对相信自己的夫子。

（一八六六）孔子病重的第八天，一早就令子贡去把住在曲阜城里的弟子全都召来。其实，哪里用召，子贡一开门他们便蜂拥而入，围在孔子的病榻前。

（一八六七）第二天凌晨，霞光透进室内，映得孔子的脸庞红扑扑的，犹如焕发了青春一般。孔子睡醒了，令弟子将他扶起，依衾被而坐，满面红光。

（一八六八）弟子们端来了清水，给他洗了手和脸，问他想吃点什么。孔子摇摇头，说：『赐呀，你的琴技乃诸弟子中之佼佼者，给我们弹上一曲吧！』

（一八六九）子贡移过七弦琴，调正音调弹了起来，孔子和琴而歌：『巍峨的泰山哪，将要崩颓；粗壮的梁柱哇，将要坠毁；一代哲人哪，像草木一样枯萎！』

（一八七〇）孔子的歌声愈来愈低弱，到后来，竟像在窃窃私语，慢慢地，歌声停止了。孔子正襟危坐，闭上了眼睛——他又安详地睡着了，永远地睡着了……

（一八七一）公元前四七九年二月十一日，中国历史上伟大的思想家、政治家、教育家、儒家学说的创始人，人类历史上的文化巨人——孔丘与世长辞了，终年七十三岁。

（一八七二）孔子丧礼的隆重程度，超过了任何一个诸侯。陪灵的、吊孝的、送殡的，有卿相大臣，有王侯贵族，有平民百姓，有生前友好，有各国使者。

（一八七三）三千弟子，除了殁世的以外，几乎都来了，大家在公西赤的主持之下，一律像失去严父慈母那样披麻戴孝。

（一八七四）安葬这天，天悲地泣，从阙里到泗水旁的墓地，数以千计的送葬者跪在泥水里齐放悲声。孔子的棺椁停放在正厅的两柱之间，跪在灵堂前的人雪白一片，齐声恸哭。就这一点，世上的任何人都无法与之相比。

（一八七五）鲁哀公也来吊孝。他极为庄重地行了三拜九叩大礼。宣读悼词后说：『苍天哪！你太不体谅人世，怎么不能留下夫子呀。现在只留下我一人在这个世上，我内心深感孤独和不安。呜呼哀哉！尼父！』

（一八七六）孔子死后，许多弟子都守墓三年，孝满之后，又哭泣尽哀，然后相别而去。独有子贡一人留下，在夫子的墓旁筑了一间草庐茅舍，继续守丧三年。

（一八七七）因为追念孔子，一些弟子和鲁国人把家搬到墓旁住下，约有一百户，于是这里被称为『孔里』。

（一八七八）后来人们又把孔子的住房和讲堂，以及弟子的宿舍改为孔庙，用以纪念孔子，收藏孔子的衣冠、琴书、车具等生前用物。自此以后，年年奉祀。现在曲阜的『三孔』——孔庙、孔府、孔林，即创建于此。

编后记

以《中华文圣——孔子》为代表的中华优秀儒学传统文化中的精华“诚”“信”“忠”“孝”“仁”“和”“礼”“义”“恕”“廉”“智”“行”的系列故事共13册大型原创手绘连环画丛书，是我前后历经17年业余时间搜集、阅读、整理、编写的成果。在2019年8月，这套共13册的大型原创手绘连环画丛书，终于由东方出版社出版，完整地呈现在读者面前。我17年的煎熬，虽苦犹乐，甚感欣慰。

出版这套大型原创手绘连环画丛书，是我多年的热切追求和梦想。正所谓“路曼曼其修远兮，吾将上下而求索”！几十年来，在我日常生活或社会交往中，在车站、机场、码头或其他公众场所，常见到“无尊长、无敬畏、无廉耻、无忠孝、无礼让、无诚信”等道德缺乏、行为失范的社会现象，引起了我的深刻思考：难道历经数千年的中华民族优秀传统文化在当今就没有用了吗？然而，纵观世界先进国家的发展历史，我深切地感受到：一个具有优秀素养的民族，乃国家强盛的根基；尤其是在社会不断开放，科技飞速发展，传播手段多样，各种文化现象、思想相互碰撞冲击的今天，弘扬传承中华民族优秀的传统文化，尤显迫切和重要，仍具有重要的现实意义。

编辑出版中华民族人文修养经典故事丛书，愿中华民族优秀传统文化的人文核心价值，在国家发展的历史进程中，重塑“引领风尚、促进和谐”的精神文明，让全社会进一步树立扬善去恶、明辨荣辱的观念，构建“助人为乐、以和为贵”的良好人际关系。让优秀的传统文化如春风、似春雨，滋润更多人心，让千年文明之光照耀中华大地。

“明理须读书，立德先修身。”我苦心孤诣策划出版这套大型原创手绘传统连环画丛书，意在用通俗易懂的方法和以事感人、以理服人的大众传播方式，弘扬传承中华民族的优秀文化。本丛书用许多故事来反复印证主题——“读书百遍，其义自见”，试图对广大青少年和社会大众在加强修养、提升个人素质方面起到潜移默化的作用，以中华民族优秀传统文化的伟大力量，去激发中华儿女昂然崛起的生命冲动，实现中华民族的伟大复兴！

如是，则民族幸甚，国家幸甚，天下幸甚！

由于学识有限，加之该文化工程面宽量大，难免有疏漏错误之处。主观上想扬弃和倡导的东西，客观上未必尽能如愿，希望读者朋友评点是非，明勘谬误，求其正范。

“中华民族人文修养经典故事”丛书

李彗生

2019年5月